住·民宿

理想主义下的民宿

陈禺舟 菁菁 主编

北京·旅游教育出版社

01 理想主义下的民宿

序言　主编　陈禹舟

当你准备预订一家民宿的时候，是不是已经想象过入住民宿会有什么样的体验？如果可以，我想多问两个问题：

你为什么会考虑选择入住民宿？

这家民宿的哪些因素吸引到你？

这些问题的答案，组成了你心目中对民宿的定义。这些定义，来源于各种媒体的宣传，还有周边朋友们的口口相传，以及你或多或少的入住体验。

我问过不少人，大家的答案迥异，或者并不能清晰地说出答案。但正是我们对民宿的这些相同或者不同，清晰或者不清晰的自我定义，影响了我们对入住民宿体验的满意度。如果入住的民宿和你想象中的民宿体验一致，你会获得一次愉快的民宿入住体验；反之，哪怕别人说得再好，你也会觉得不过尔尔，甚至一怒之下就是一个差评。

从源头来说，民宿就是一个非标准的旅行住宿产品。在酒店越来越连锁化、追求一致和稳定入住体验的情况下，民宿正是利用它的个性化，把自己从原本旺季的替补方案，变成了一种高端的旅居生活方式，也变成了抢夺酒店客源份额的竞争对手。

加上一个时期的民宿热，很多人都把自己的产品冠以"民宿"的称谓。每一个民宿主都可以根据自己对民宿的理解和定义，来建造和运营自己的民宿产品，这就让民宿的非标特点彻彻底底展现出来。

所以，我们在讨论理想民宿的时候，肯定是找不到一个可以满足所有人的答案的。民宿肯定不仅仅指建筑和装饰，但建筑和装饰肯定是民宿风格和特点的重要部分；住民宿的目的也肯定不只想在民宿里住一晚，而是希望体验一种生活方式；甚至于，我们对民宿的体验，还上升到希望能获得心灵的放松和满足。也还有一部分住民宿的朋友，追求的是娱乐玩耍，各种游乐设施进入民宿，让民宿的体验越来越呈现百花齐放的态势。

我心中还是有对理想民宿的一个想象。理想主义下的民宿，是民宿主人创造了一种令人向往的生活方式，朋友看后会羡慕地说，我也想去过几天这样的生活。民宿主人以"待客之心"，用自己最好的东西招待客人，让客人体验到自己日常生活之外的一种惊喜、舒适、愉悦，以及让身心得以恢复能量，留下鲜明的回忆。因此，理想主义下的民宿，应该是民宿主人的一种生活方式，一种居住理念，一种精神追求，一个身心灵都可以栖居的场域，帮助主客双方自然而然形成人在自然中所产生的活力。

我把我认为理想的民宿聚集起来，每一个人都可以从中去找到自己心目中的民宿，同时也可以拓宽大家原本对民宿的一种想象——哦，原来民宿还可以这样！我在编辑完由这49家民宿组成的文集后，同时也模糊地感受到了民宿之所以是民宿，哪怕是看起来各不相同，但内核还是有相同的地方的。这也就是住民宿的爱好者会一致喜欢住民宿的原因。而且这49家民宿分布在全国各地，希望它们能成为你下一次旅居时的目的地。

愿大家住民宿愉快！

陈禹舟
资深出版人
明明山居民宿创始人
莫上隐第二任主理人

从事图书出版行业超过20年，策划过上千本图书，类型包括社科文艺、家庭教育、童书等。对于选题创意、内容架构、活动营销有丰富的经验，也积累了丰富的作者、插画师资源，能为个人打造出版全案。

02 序言 我不是在去民宿的路上，就是在住民宿
主编 菁菁

时间过得真快，不知不觉已在乡村民宿行业沉淀了10年时光，也因此有机缘看过无数乡村民宿。这一路走来，有很多感慨，有很多难忘的故事，也有很多难忘的民宿人。

作为民宿行业发展的见证人，我看到很多土地从什么都没有的样子，经过民宿主多年用心打造，变成城里人向往的生活和田园之家。不得不说，现代社会的我们，遇上了最好的时代，可以去追求自己想要的生活，但也遇上了最卷的时代，每个人都活得很累，很疲惫，当在生活和工作中遇到不顺的时候，都渴望有一个长满花的院子和一个梦想的家，能让我们抛下所有的烦恼，过上神仙眷侣般的生活。就像南怀瑾老先生总结的那样，"三千年读史，无外乎功名利禄，九万里悟道，终归诗酒田园"。

我自己是一个爱折腾的人，从小的梦想就是：世界那么大，我想去看看。我很喜欢尼采的一句话，"每一个不曾起舞的日子，都是对生命的辜负"，因为热爱，奔赴山海。所以这10年里的大部分时间，我不是在去民宿的路上，就是在住民宿。你别说，这句话还真让我点题了呢。

这一路走来，我发现乡村想要发展起来，还有很长的路要走，但是只要有这些热爱乡村、喜欢乡村生活的民宿人在，乡村的未来就会无限美好。虽然在这个过程中，民宿人也会经历很多艰难，经历很多难眠的夜，但熬过来就是柳暗花明，他们给每位想去过乡村生活的客人，打造了理想的生活和理想的家。当每位客人来住民宿的时候，民宿人都想把自己用过最好的东西给客人用，自己吃过最好的美食给客人吃，自己拥有的最美好生活给客人体验。读到这里的你，希望能在书中找到你最想去的民宿，并立刻行动去体验吧！

我很喜欢为我们中国人心中种下田园梦的陶渊明，他营造出的"采菊东篱下，悠然见南山"的生活境界也会一直深耕在乡村，希望自己可以给更多想回到乡村又犹豫到底能不能回乡的朋友一种力量。回去吧，乡村大有可为，让我们一起把乡村打造成每个人想回也能回得去的地方，在这个都讲究快节奏的时代，做一个慢慢来的自己，正如"住·民宿"系列的《理想主义下的民宿》这本书，就是慢慢来的。

罗曼·罗兰说："世界上只有一种英雄主义，就是看清生活的真相之后依然热爱生活。"最后祝愿每一位读到这本书的朋友，都能过上自己热爱并喜欢的生活，不急不躁，不慌不忙，坚定而优雅地慢慢来，坐在院子里的摇椅上，泡茶等花开！

菁菁
菁志生活创始人
民宿首席推荐官
全球精品民宿联盟发起人
民宿金牌试睡师
云南民宿大会特邀嘉宾
怒江州委组织部江州文化和旅游局"百名高素质旅游人才"示范培训班（第一期）讲师
江西农业农村厅《全省休闲乡村民宿从业人员培训班》（第一期、第二期）讲师
北京门头沟文旅局特邀讲师
海宿会年度十大人物
海南卫视《路过北纬18度》对话嘉宾

创立民宿乡建游学培训班，至今已经开设200多期，助力多家民宿成功创业，给民宿行业输送了大量专业人才。

03 民宿，在"风土"与"风雅"之间

序言　特邀嘉宾　张明才

太行山老宅斑驳的夯土墙上，谁用透明丝线穿起几颗红柿子；白洋淀水边的石阶前，又是谁在白色罐子里插上了几茎青莲蓬……这些瞬间昭示着当代民宿设计正在经历的文化觉醒：当工业文明切割了人与土地的脐带，那些散落山野的民宿空间，正悄然重构着"风土"与"风雅"之间的关系。

"风土"是文化基因的显性表达。

浙江松阳的百年石仓民居，墙体里凝结着采石匠的汗碱与溪水的矿物质；云南哈尼族蘑菇房的茅草顶，每根稻草都记录着梯田的海拔与季风的轨迹。这些由地理气候、生产方式和集体记忆共同铸就的空间形态，构成了民宿设计不可剥离的文化基底。正如人类学家列维-斯特劳斯在《忧郁的热带》中所言："最野蛮的文明，恰恰是最文明的野蛮。"民宿若沦为剥离地域基因的精致空壳，便如同移植他乡的乔木，终将在文化水土不服中枯萎。

"风雅"则是人文精神的诗意投射。

京都虹夕诺雅将百年粮仓改造为茶室时，特意保留了木梁上的仓储编号，却在榻榻米边缘嵌入金箔修补的裂痕。这种巧思暗合了明代计成在《园冶》中强调"虽由人作，宛自天开"的营造智慧和美学态度。民宿空间中的风雅不是贵族式的精致主义，而是通过器物选择、光影营造和空间叙事，将日常经验升华为审美体验。

"风土"与"风雅"的交融，本质是文化主体性的当代重构。

记得德国哲学家伽达默尔说过："传统不是博物馆里的标本，而是在现代性视域中的创造性转化。"在我看来，民宿设计师如同是文明的炼金术士，将地域材料的物质性与当代美学的精神性熔铸成新的文化晶体。

在这个闪亮屏幕吞噬暗夜星空的年代，民宿空间的文化使命越发清晰。它既非乡村标本的僵化保存，也不是城市审美的粗暴移植，而应成为连接土地记忆与时代精神的新型载体。当"风土"与"风雅"在设计中达成和解，那些散落山野的屋舍便成为现代人的文化脐带，在钢筋水泥的丛林之外，续写着文明的新章。

张明才
知物筑空间整合创始人
河北工艺美院环艺系教研室主任
中国建筑学会会员
中国室内装饰协会陈设艺术专业委员会委员
《IID室内设计》石家庄工作站委员

近年来，深耕文旅建筑室内设计与研究领域，主要作品有北京怀柔明明山居民宿、保定易县回山里民宿、重庆朝天门青苔酒店等，曾获2019年亚洲中日设计邀请展优秀奖、2023年上海国际设计周民宿设计大奖（2023—2024）全国榜金奖，2024年保定易县"回山里"项目被国家文化和旅游部评定为全国甲级旅游民宿。

04 中国人的田园民宿梦
序言　特邀嘉宾　莫子先生

　　每个人的心中都有一个民宿梦，那是对理想生活的向往。山川湖泊，高山流水，风土人情，对每个人都有深深的吸引力。当然，这也是民宿设计打造的灵感源泉。每个民宿都希望把这份独特的美融入空间的每一处角落。让客人一踏入就体会到不一样的感受。

　　民宿的区域不一样，呈现的气质就不一样。

　　比如，湖边的民宿会显得开阔宁静，景观变化丰富，不同天气的感受不一样。正所谓，闲行观止水，静坐看归云。夜晚，万籁俱寂，唯有湖水的低语相伴，这种宁静而舒缓的声音，让人彻底放松，远离城市的喧嚣与纷扰，内心变得格外安宁。

　　又比如，山里的民宿显得更加幽静祥和。听鸟叫虫鸣，听涓涓细流，身心感受格外惬意。清晨，在清脆的鸟鸣声中自然苏醒，微风拂过，树叶沙沙作响，脚下是柔软的草地或温润的石板路。走进民宿，屋内家具采用天然材质，原木的温润质感、棉麻织物的亲肤触感，都给人带来舒适惬意的体验，身体里的每一个细胞都在这种舒适的环境中得到舒展。

　　不同的时间段，民宿也有不同的体验。春天踏青赏花，夏天听雨打芭蕉，秋天看红叶瑟瑟，冬季大家坐在火炉旁围炉煮茶。

　　不同年龄阶段的人对民宿的感受也不一样，比如，小朋友对儿童房的喜爱，在草地玩耍的欢乐，捕抓小鱼小虾的童趣等，能够展现儿童天性中快乐的一面。又如老人家需要一片安静的小院，独自沏茶静坐赏花。

　　当然，每个人喜欢的民宿感觉是不一样的。未来的民宿会更小众化。为某一部分群体定制。例如亲子民宿，例如旅行者民宿。民宿会研究细分人群的生活习惯。满足人们对品质生活的追求。所以，民宿不仅仅是秀丽的风景，高品质的民宿更离不开在地性，离不开文化。正所谓民宿是文化、艺术、生活、民俗的融合，是一代一代人积累下来的生活方式。

　　所以民宿是一种生活状态，是与大自然和睦共处的智慧。每一个人心里都有一片田园，每一个人都有一个民宿梦。

莫子先生
2019年《墨子会客厅》发起人
中国长沙设计师原创节发起人

民宿设计作品：
　东江湖度假酒店、小河弯弯野奢民宿、八号秘境民宿、山水和野奢民宿、雨母山庄民宿
获奖情况：
　2017年中国人文大赛最佳商业空间奖
　2017年中国人文大赛推动行动奖
　2018年第八届筑巢提名金奖
　2021年北美PI设计大奖赛陶瓷创新应用奖

05 民宿漫游，归梦旅途
序言 特邀嘉宾 张哲

10年前，我们推出一个概念叫"漫游家"。提倡人居，自然，以及人在自然中的深度游览。显别于昂头袖手的观光客，我们愿意相约实现的是接近与欣赏、体验和学习、接纳及融合。所以，对特色民宿中所共同倡导的质朴、精致、自由、愉悦、自然……情有独钟。

就好像推开那扇爬满藤蔓的木门，恍惚间听见了童年的声音。与差旅时出没于各个城市的星级酒店不同，漫游的意义在于，放下所有的牵绊，许给自己真正的旅途。而旅途中最深刻的沉淀，就是找到"家"一样的民宿。

身在旅途，心归家园。这或许正是当下中国民宿热的深层密码：我们寻找的不只是一处栖身之所，更是一把打开深层记忆的钥匙，一场关于"归去来兮"的自我探寻。

从陶渊明的"采菊东篱下"到王维的"辋川别业"，中国人的精神基因里始终镌刻着对田园生活的向往。而今，这种向往正以民宿为载体迸发出新的生命力。

民宿最动人的魔法，在于它能将陌生人瞬间转化为"家人"。从旅者到归人，这与标准化酒店形成鲜明对比——酒店前台永远礼貌而疏离地说"欢迎光临"，而民宿主人一开口的问候就是"你回来啦"。

如果我们在旅途中用心寻找民宿，基本上都可以找到一个"家"，可以用故事就酒，就像久别的老友。

我们可以在民宿中让心安住，和当地孩子一起在天井里数星星，和街巷的老人在路边唠唠家常，或者发呆，或者躺平。只为寻求内心的自由。

苏东坡说"此心安处是吾乡"。当旅途成为归途，当异乡变成镜乡，那些散落在山水间的民宿，正成为这个时代最温柔的精神调节器。

路上认识世界，途中认识自己。家中回归本源。

尽您所想，尽我所能。

民宿存在的意义，从不是简单地让你住进风景里，而是让心灵在春日的褶皱中，找到属于自己的呼吸节拍。

所谓归宿，从来不在路途的终点，而在每一次真诚的漫游中。

比山川风景更珍贵的体验是相遇。

是回到吾乡，推开那扇门，遇见一直在等待着你的自己。

张哲
漫游家、出版人
曾任《旅游休闲》杂志创始人 主编
《经济观察报·商务生活》主编
《国际航空报·封面人物》主任
《法治周末》总经理

目录

主编	陈禺舟

I 序言 1·理想主义下的民宿

主编	菁菁

II 序言 2·我不是在去民宿的路上，就是在住民宿

特邀嘉宾	张明才

III 序言 3·民宿，在"风土"与"风雅"之间

特邀嘉宾	莫子先生

IV 序言 4·中国人的田园民宿梦

特邀嘉宾	张哲

V 序言 5·民宿漫游，归梦旅途

明明山居	滕婧

02 明明是个山居

莫上隐	陈音

06 做民宿圈最幸福的人

竹窗溪语	李晗羽

10 竹窗溪语

阿若康巴·拉萨庄园	夏天

14 宁静、舒缓、朴素而又充满诗意的栖居之地

饮岚白舍	瓦特

18 幽丽清雅饮岚·白舍

梵境民宿	道一老师

22 我和我的梵境民宿

漫宁民宿 | 贡占宁

26 武安漫宁度假民宿

知行·美宿 | 词珍翰绮

30 知行美宿，桂江如梦

憩域·小摆托 | 赵小朗

34 拜托了，"小摆托"

苦株树故事民宿 | 蒋若童

38 解锁皖南群山中的诗意山居

雨母山庄·且留宿 | 贺晋路

42 且留宿，雨母山庄

林栖三十六院 | 许佳琳

46 林栖三十六院

享·自在客栈 | 悠悠

50 梦想中雨林里的家

学而山房 | 兰姨

54 万山行遍逢黎母，陆海之间一山房

三春近 | 梅锦斌

58 好花须买，皓月须赊
三春近·隐山

魔名奇妙花园 | 程永霞

62 去重庆的后花园——南山的放牛村，开启一段寻"牛"之旅

大理云里小坐·花音南洋海景酒店 | Lily

66 我们等风来，等你来

大理云墅海景度假酒店 | 火刚

70 退却繁华，享受宁静的疗愈

丽江·墅家玉庐 | 华贤红

75 得闲云南，有幸遇见！

香格里拉·墅家嗡嘛措 | 李丽琪

79 一切吉祥美好的起源之地

怒江·墅家吾乡 | 李丽琪

82 一个村落就是一家民宿

大隐栖都 | 心柔

86 田野上的一首诗

羲滉庭院 | 吴界

90 与自然为邻，享受慢生活

有风吹来奢宿 | 王鹏

94 有风吹来

拾溪民宿 | 王莉

98 拾溪梦桃源

瑶华圃·隐溪民宿 | 陈国军

102 心灵的归处，梦想的栖息地

石头会唱歌·云上海景民宿 | 冉光霞

104 海岛天气晴，云上做个梦

隐居乡里 | 任涛

110 卡莎莎的日子会发光

余粮·柿 | 高慧慧

114 唯愿，家家有余粮，柿柿皆如意

回山里 | 韩文雅

118 回家乡做客

凡朴生活 | 涂海霞

122 凡朴，心灵的归处

东江湖暮尼度假酒店 | 莫子先生

126 梦一处人间仙境，寻一方诗意山水

西江蓝岸 VILLA | 林咏红

130 蓝色城堡，一半童话、一半现实

壹拾贰乡宿 | 潮玥

134 邂逅壹拾贰乡宿：探寻自然与文化交织的理想之境

烟墩海壹号院子 | 陈统奎

139 山钦湾燕子洞海的民宿，从海望见海

龙隐溪山 | 华雅

142 归山去

禹谷民宿 | 张兴全

146 你好，禹谷

壹栖壹宿 one stay | 郭弘

150 霞浦壹栖壹宿民宿

石光长城 | 贺玉玲

155 长城脚下，乡间庭院，有烟火气的诗和远方

缘来阁民宿　｜　龚小宇

158　拓荒者的冰雪家园

既白民宿　｜　周松

163　矿山上的果园

自在茶舍　｜　畅志东

166　一茶，一食，于自在

贰喜·班莫的家　｜　班莫

170　班莫的家

斜阳耒筑·木兰　｜　Lisa

174　斜阳耒筑：设计师的极致文艺和浪漫

原野之上　｜　刘昆　王倩

178　原野之上：恰好的距离，从城市回归原野

东壁岛栖隐岛居　｜　余品琳

183　在栖隐岛居过向往生活

象山十方　｜　杨天刚

186　把平凡的日子过成诗

老河故事艺术山居　｜　冯妍

190　平武老河故事

乡约美宿　｜　高志君

194　在中国庭院过自在的生活

附录

198　索引
200　鸣谢

从明明山凤眺蟠山岭古长城

理想主义下的民宿

明明是个山居

明明山居　滕婧

在明明山居住了 7 年，常被不同的人问到同一个问题：你最喜欢明明的哪一个季节？对于全然搬到山里居住的人来说，会越发对季节的好坏，没有了内心的拣选。

站在山居的庭院中，抬头即见群山，森林，空气总是带着大地草木的清香，时刻都能放心地任自己深吸。四季的风，不论轻托起春天的蒲公英，还是吹送夏日一抹清凉，或是深秋携着彩叶飞旋，冬日挽着雪花撩起院角的篷布，带来的皆是四季灵动的真实触感和生活细腻的丰饶。

天净沙·明明山居

清泉金鳟浮叶，
粉荷雏菊素蝶，
碧塘水柳隐月，
山谷盛夏，
坐等一只燕雀。

这首词是我在刚到山居第一年的夏天所作。我是不善诗词的，但有些景象，生来是诗，也只有诗化的语言，才能表诉。

身处这样的环境，每一位住进山居的客人，都能做个闲人——就是真的很闲的那种闲人。在鸟雀鸣叫中醒来，洗漱之后走出房间，到露台、池塘边、院里四处走走，与小猫和狗狗打个招呼，溜达到餐厅，喝杯红枣水暖暖肠胃，吃一碗融合了 10 种蔬菜的酸汤臊子面，素素的，但带着喜悦和舌尖上的满足。

自然生活与文化美学相融相契的生活方式，是我们一直热情与大家分享的。一切来自植物的食品、花卉、茶叶、合香、精油、甚至是染料，让我们全然地得到了日常的富足。

品赏中国茶，是住在山居的每一位客人，每天都能共同参与的趣事——在两面都是通透落地玻璃窗的大厅里，寻一个自己喜欢的位子。一面对北山，可以远眺明长城蜿蜒逶迤；一面可观池塘落英飞鸟。四季的风景就在茶桌边，停留在手指尖。

取一份茶叶，投置在盖碗中，蒸腾着白气的沸水冲下，叶片在小小的漩涡中飞转，时空就有了悠长的线索。从汉代的烹茶，到唐代的煎茶，从宋代的点茶，到明代的泡茶，几千年来，茶一直存在于中国人的日常，没有消亡在漫长的岁月中，没有被任何其他新奇的饮品完全取代，其中必然有它的高妙。

茶是大自然给予人类的一份超贴心的礼物，一片叶子，把天空、山川、河流、阳光、清风都容纳，而后析出在一杯茶汤中。

有好茶的地方，一定有好友，也一定会有喜乐的会面。你从北京来，他从天津来，也有广州飞过来的朋友，手里握着茶杯，叙一叙凤凰单枞和岩茶水仙滋味上的差别，聊一聊茉莉花茶怎么就那么招一部分人群待见，又那么被另一部分人所不推崇，再论一论老家山野里长的灌木，枝条叶子晒干了煮一煮也能得一口好喝的"非茶之茶"……大家就这么天南海北地叙着话，感受不同滋味的茶汤入口，滑过喉咙留下的满满清香。不觉间，陌生人已转成熟人，寂寥的心，在声声笑意里，悄然融化。

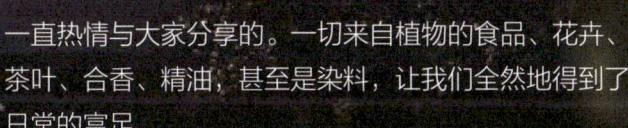
▲ 明明山居掩隐在板栗丛林中，遗世而独立

我们为什么爱茶？来山居为什么一定要喝茶？除非有人坚决拒收自然的馈赠，除非谁发自内心就不想拥有一个在生活里可以一直温柔陪伴的知心又灵动的好友，否则谁能拒绝呢？茶是活泼的、生动的、有趣的，你永远捕捉不到它某个恒常不变的状态。同样的茶，同样的你，同样的水，同样的温度，不同的日子，不同的心情，会泡出完全不同味道的茶汤。

"茶如其人"，你会在泡茶、品茶中，一次次地不断深入自己的内心，在茶汤的映照中，看见自己，看见他人。

山居从开幕的第一天起就因为餐食美味而赢得了客人们的赞许，四川大厨做的川菜麻辣鲜香。2019年，我突然得了一种胃病，学名叫"胃食管反流"，胃酸的过多分泌，使食道黏膜受到侵蚀，引起剧烈的咳嗽。最开始我以为是咽炎，治疗了半年多才确诊是胃病。又治疗了半年，吃西药，也喝中药，但到了11月份，还是不见彻底好转。也是幸运，年底终于遇见了一位消化内科的老专家，他告诉我，我不用做胃镜检查，也不用吃药，只需要坚持一个月的素食，我的病就会痊愈。

我有点不敢相信，问老专家为什么？

他跟我讲人类的消化道特点决定了最适合人的食物就是植物这种食材。我们吃了素食，两个半小时后，食物就完成了消化，没有过多毒素和难以分解的物质给脏器制造负担，就不会出现运转问题。他说，他做了几十年的医生，看到无数人到生命的后半段，病痛都集中在消化系统和心脑血管系统，而这两大系统的问题大都来自饮食。

我在遵循医嘱后的第三周，胃部和咽喉的问题全部消失，痊愈了，身体、皮肤及心情都明显变得更加轻盈、洁净、喜悦。于是2019年年底开始，山居全面推行素食。从生命体验上来说，这是一个非常重要的决定，我希望山居能成为一个传播关怀与善意的空间。我们吃的每一顿饭，都不必以牺牲任何一只动物的生命为代价，同时也能让自己的生命得到更好的呵护和保障。

山居重新组建了素食厨师团队，"必须把素食做得又美味又营养"，是我们的目标。我很欣喜的是，当一桌完整的素食客餐摆上餐桌，客人们还未动筷子，就开始赞叹"这也太丰富了吧""看上去好好吃啊"，吃完之后更是反馈"原来素食可以这么好吃""要是我们在家里也能吃上这样的素食，以后都真心不用吃肉了……"

虽然坚决推广素食的缘起是为了我自己的健康，但

▲山居茶席，和心灵对话

近5年来在山居结识了很多素食者，他们更加深刻地影响了我内在推广素食的愿心。有位业内很资深的老师说了一句话，我记忆犹新：人应该明白一件事——你的存在，你的言行，是否符合了与你同样生活在这个地球上所有其他动物界、灵界、微生物界的一切众生的至高利益。

回顾这些年在北京长城脚下做一家民宿，最有意思的不是当年莫名遇见这个地方就想留下来的笃定，不是与设计师的默契碰撞，不是每天生活在山水间的惬意，不是我突然拥有了十几条大鱼、三只大狗、两块菜地、无数家猫，而是以这个空间为据点的缘来缘去，非空非有之间的变化，以及日益精微的觉知。

我常把自己扔进山里游逛，也极力建议客人们不要躺在房间里刷手机，一定要去外面缓缓行走，什么都不刻意思考的时候，人生的很多答案往往自现。尤其在月朗星稀的夜晚，世界的躁动最大程度地降低，人的感官系统最大可能地消停了。静谧中，抬头远望，我们的肉眼所能看到的星光可能是几万年甚至十几万年以前的景象，那些星星其实已经不在那里了，对于无始无终的宇宙来说，人生百年，不过弹指之间的一次生灭，百年过后，落处不明。

这极其短暂的过程里，我们还会因为自身知见的局限和"被动裹挟"，在不明澈的世事纷扰中、在兰因絮果恨海情天中挣扎突围，如果说人的一生中有所谓真正的"可惜"，只能是那些"知幻不离"的坚守中，被蹉跎消耗的时光。

明明山居正在随着我自己的学习和成长，逐渐更加落定。这里是一个践行自然与文化生活的空间，是一个磁场安宁的休憩之地，是一个可以遇见很多良师的山中学堂，更是心灵的宁柔之所。

我很感恩7年前进山生活的决定，安驻乡村给我人生带来的深刻变化，在持续地令我看到不一样的光景和维度。住在山里，生活日渐质朴。每一个醒来的早晨都特别不麻木——今天的云有别于昨天，今天阳光透过树叶洒落大地的影子，又是新的轮廓。心中想要的越来越少，那种自内而外的清简，不是因为交通不便远离繁华的被动放弃，而是以尊重自己真实意愿而做出的主动选择。

我常告诉朋友们，当你们倦了累了，当你们心不能安时，或去神明前，或来山水间，住在山居里，明明是客人，明明也是主人。

明理，明心，明智，明性，除却一个"明"，生命终究也无其他更好的出路。

明明，就是一个山居。

▲民宿院子里的一只猫

▲在民宿远眺长城轮廓

理想主义下的民宿

▲德清莫干山莫上隐民宿后院

做民宿圈最幸福的人

莫上隐　陈音

莫上隐，隐莫上；

万千青翠里藏。

"莫上"，即是莫干山上，也是陌上，阡陌纵横，鸡犬相闻，一派田园风光。一句"莫上隐"，勾动的是，中国人自古以来的隐逸之心和隐逸情怀，从陶渊明归隐田园，梦想桃源开始，一代一代的中国人，都在勾画心中的山水田园情致。

老韩在东南西北都拼搏一番之后，每每在休息的时候回到老家莫干山，都会生发起泉林之心。然而现代人或多或少都有两全之意，能不能把商业资源和田园情怀相结合？能不能事业和身心幸福都要？这已经不是我们的权衡和犹豫，而是我们的追求。

"莫上隐"就是这样一个思索的结果，所以，从一开始，我们做莫上隐的目标就定在：做民宿圈最幸福的人。

莫干山本来就是我们的老家所在，莫上隐一开始就是我们的家。老韩是有过商场运营经验的，成本是生意场上的核心考量，但在莫上隐，这个因素几乎没有得到重视，怎么舒服怎么来，因为是自己的家，那就自然没有因投入而产生的计算。

当然，最主要的还是老韩拧不过我。

我说我要自己设计，老韩便帮我搭建起一个设计小团队；我说我的家不要冰冷的钢筋水泥，老韩就四处寻找老木头；我说我的家要有花园，于是莫上隐就有了前庭院、中庭院和后庭院；我说我要在家里读书写字画画，于是莫上隐就有了大大的书架、精心挑选的图书、大书桌、常备的笔墨纸砚；我说要喝好茶，这一点老韩百分之百同意，他本来就喜欢喝茶，还对紫砂壶颇感兴趣，于是茶室有了，博古架上多了许多紫砂壶和茶器，还存了很多茶；我说要吃最健康自然的饭菜，老韩干脆去弄来一个农场，后来老韩陆续在德清、湖州开办了一系列的美食餐厅，源头就是我们想在莫上隐吃到好吃的东西而已。

所以，民宿开业后，我们过上了最幸福的乡居生活。回想起来，最特别的还是2019年冬天，疫情突然而至。我们深感庆幸，因为我们拥有了莫上隐。大多数人都困在城市的居室里的时候，我和老韩，还有舟哥、婷婷、康康把春节假期给客人准备的两大冰柜和一个大冰箱的鸡鸭鱼肉琢磨着做成了一日三餐，还从邻居火林伯伯和阿芬姐家的菜地讨来了新鲜蔬菜。吃饱了就带着两只狗，在除我们之外空无一人的莫干山上晃荡，看山桃花开了，看杜鹃开了，挖了竹笋，摘了覆盆子，直到我们等来了客人。

这是我的家，所以来的自然是我们的客人，莫干山乡民的传统，便是热情的待客之心，来了，就要拿出我们最好的东西来招待。

关于民宿不仅仅是提供一张床的讨论，其实从一开始就有。在莫干山裸心谷提出民宿是目的地旅行之后，大家对民宿的认知基本上都得到了统一，但是除了住宿之外，民宿还能提供什么呢？对民宿幸福生活的不同理解，大家提供的答案就会变得不一样。

美食、舒服的房间和床品，这是对身体的照顾，这是幸福的基础，这无非是认真而已。然而我们该如何让我们的心也能得到放松和舒缓，从而汲取幸福的能量呢？这不是简单的"娱乐"可以做到的。

莫上隐的幸福生活包括但不限于以下这些。

去竹海爬山，舒展的身体，大含氧量的新鲜空气，山顶重重叠叠青翠浪涌的高远风光，天高云淡，心怎会不随之辽阔？

下午时光，或独自要一杯咖啡，三两水果和点心，静看时间一点点移动；或三五好友聚于茶室，一壶茶，谈天说地，人与人之间自在地连接。无论动静，皆是当下。

后庭院是音乐演出的舞台，也是篝火晚会的场地；大客厅被老韩发起的驻地艺术节的艺术家的作品装点，艺术家们穿梭其中进行交流，成为不期而遇的客人。文化不仅仅停留在口头，更融入于体验。

夏日前庭院的泳池是孩子们最喜欢的场所，笑声、欢叫声、击水声、呼喊声……随水花四溅，本来山里的暑气就比城市里轻一些，这下更是消失得无影无踪了。

徒步沿溪水穿过村子，被评为"最美乡村"的庙前村干净整洁，往来的人笑颜常开，驻足可听他们唠家常，还可以沿途去其他民宿做客，真真实实地做一天乡民。

这些本就是我的日常，客人来了，就呼朋唤友地一起好了。

从2014年到现在，10多年时间就这样流淌过去。莫上隐越发地在岁月的装点下，变得更像每一个客人的家，而且这个家还在生长。

2020年，我们在中庭院的花园种了更多的花草，

▲莫上隐民宿茶室

理想主义下的民宿

▲莫上隐民宿后院聚会

▲ 莫上隐民宿的温泉房

▲ 莫上隐民宿茶室一隅

▲ 莫上隐民宿后庭院的榻榻米

让我的时间更多地浪费在花花草草身上，哪怕在茶室里，透过落地窗，目光都能落在盛开的花草上，日光是那样温柔。

说到茶室，老韩喜欢大厅旁边的大茶桌，但我总觉得在大茶桌上喝茶不够细腻，不够放松，所以就把后庭院原来的茅屋餐厅改成了榻榻米的茶空间。这里视野更开阔，席地而坐也让人更放松，慢下来，静下来，享受属于女生的窃窃私语，还有什么能比这更消磨时间的呢？男人们去打拼，女人们要多多坐下来感受才好。

冬天的时候，莫干山也有雪，我们把原来和房子一体修建的壁炉换成了铸铁壁炉。虽然我们有全屋地暖，但还是更喜欢围坐在壁炉旁，看火光摇曳，听木柴哔啵作响，不说话，也够好。

更不必说我们在 202 客房后面新做的温泉房，这两年冬天，我都特别期待下雪——虽然平日里泡泡温泉也是非常好的，但女人不就总想更浪漫一点吗？

就算我当妈妈了也一样啊。对了，在莫上隐的日子，目前看来更大的幸福就是我有了女儿。

莫上隐真是一个良缘之地啊，我们的店长，从园子开始，到 Lily，到舟哥，都在莫上隐结缘，找到了自己的人生幸福，为我做莫上隐的初心留下最幸福的注脚。

希望正在读这篇文章的朋友，都能找到幸福。或者，你也可以来莫上隐试试看。

理想主义下的民宿

▲阳朔竹窗溪语民宿窗边景色

竹窗溪语

竹窗溪语　李晗羽

广西阳朔，山水相依，如诗如画，宛如人间仙境。"小漓江"遇龙河缓缓流淌，两岸一派田园风光，竹窗溪语就藏匿在遇龙河边静谧的乡村里。

依群山，面田园，枕清河，与晨辉晚霞、蛙声鸟鸣、翠竹白鹭相伴。清晨，露霜点点，晨光微曦，骆驼过江的美景如梦如幻。夜幕降临，炊烟袅袅，无尽的田园山水风光让人陶醉。

竹窗溪语整体采用原木装饰，从精美的摆件到舒适的家具，营造出宁静而优雅的氛围。客房全部面朝遇龙河与田园，视野开阔。房间宽敞明亮，布置得温馨舒适。洁白的墙壁如森林般静谧，原木色的家具透出温暖的气息，淡雅跳色的织品为素淡空间带来一丝阳光的气息。调控自如的灯光空调自在贴心，窗外是碧草青山，山间有蟋鸣蛙叫，庭院的鱼池反射出绰约的星光，让人仿佛借宿在自然之中，枕着山林入眠。

庭院的水景观打造得别具匠心，中央的水上茶室在阳光晴好时变身为一个微型的社交空间。在这里，静暖一壶茶，静读一本书，慢慢饮啜，让时光静静穿梭，不吵不闹，慵懒美好。

竹窗溪语还为宾客们准备了丰富多彩的活动，让身心得到深度疗愈。

养元八段锦，疏通经络、调理三焦、健脾和胃及行气活血。在一呼一吸、一动一静间，感受身体的变化，洗涤疲惫与焦虑。

▲ 竹窗溪语民宿的客房

▲ 竹窗溪语民宿宋式点茶

▲ 竹窗溪语民宿窗外的宁静风光

　　自然瑜伽，如同打开了通往内心宇宙的一扇神秘之门，在身体的舞动与灵魂的翩翩起舞中，探寻无尽的奥秘与宁静。

　　静心抄经，是一剂心灵的良药。一笔一画的书写，将心灵与经文融为一体，感受经文的深邃与博大，找到内心的宁静与平和。

　　宋式点茶，古韵悠扬。每一个步骤都充满了匠人的心血与智慧，让人仿佛穿越时空，回到那个风雅绝伦的宋代。在茶香四溢中，找到一片宁静的天地，让心灵得到真正的放松与滋养。

　　非遗手制香和非遗手制香囊，承载着古人的智慧和匠心，蕴含着深厚的文化底蕴和历史的厚重感。燃烧时，仿佛能穿越时空，让人感受那份淳朴和宁静。手制香囊的香气天然、纯正，让人心情愉悦、精神焕发。

　　竹窗溪语也有热热闹闹的篝火晚会与星空烟火，在绚丽斑斓的星空烟火下，或欢庆节日，或赏月会友，在心中许下最美好的期盼。

　　孩子们来了，游荡山水间，零距离接触大自然，肆意地放飞天性和灵性。沿着遇龙河，溯溪而下，触摸自然跳动的脉搏；穿行田间，感受自然的呼吸充满无限的乐趣，田野里有蜗牛、蚂蚁、小螺自由地爬行，小溪里有小鱼小虾自在地游行，天空中有蜻蜓飞起落下，白鹭盘旋，欢快的嬉戏声不时惊起稻田里的鸭子；在树荫下荡起秋千，山风拂面，吹来我们摇摇晃晃的童年。还可

理想主义下的民宿

▲ 在竹窗溪语民宿外面练习八段锦

▲ 在竹窗溪语民宿练瑜伽，欣赏田园风光

以跟着课本去旅行，踏上找寻童年的旅途，去看看小学课本里的桂林山水，感受"舟行碧波上，人在画中游"的诗意。

竹窗溪语的坐看云起食养餐厅，精选当地优质食材，用心烹饪出各种风味的美味佳肴。

鲜沙姜焗砂锅鱼香气四溢，鲜嫩的鱼肉与沙姜的独特辛香完美融合；花生芽炒牛柳，花生芽的清脆与牛柳的嫩滑相互碰撞，带来惊喜的口感；百香果焗仔排，热带水果的酸甜与精选猪肉的嫩滑相得益彰；一品虫草花莲子汤，口感醇厚，滋补养生；铁锅鲜烧雪花牛，在铁锅的烘烤下，牛肉释放出令人垂涎的醇香；百合金汤灵芝鸡，百合的清甜、灵芝的醇厚与鸡肉的鲜美完美融合；椒盐小河鱼，外皮金黄酥脆，鱼肉鲜美；茶油小炒肉，茶油的香气与肉质的细腻交织在一起；海灵芝焖稻田鸭，稻田鸭的独特风味与海灵芝的鲜美相互提升；扑豆角炒五花腩，豆角的清甜与五花腩的醇香相互交融。

素食推荐同样精彩。香煎瑜儿松花菜，茶油的香气与蔬菜的鲜美相得益彰；米汤浸时蔬，米汤的细腻与时蔬的鲜美相互衬托；香颂珍姬菇，口感丰富，营养美味；松茸油醋鲜腐竹，油醋的醇香与松茸的香气相互呼应；菠萝咕噜素肉，传统与创新相结合；竹家姥姥牌素水饺，家的传承，健康美味；翡翠丸子腐竹煲，营养丰富；沙律脆饼卷，清新可口；手工芋泥碱水包，甜美可口；泉水北国酱黄瓜，酱香四溢，口感爽脆。

餐厅的餐食形式也别具一格。主题设计可根据晚宴的主题进行场地布置，营造独特的氛围。灯光布置利用多种灯光设备，打造出浪漫、神秘的夜晚。绿植装饰增添自然气息，使场地更加生机勃勃。餐点选择可根据晚宴主题选择特色菜品，让宾客在品尝美食的同时，也能感受到主题的魅力。坐看云起天台晚宴，如东方荷花长桌宴，在远离喧嚣的乡村里，让你仿佛置身一幅美丽的画卷之中，享受美食与自然的双重盛宴。

竹窗溪语，是一个充满诗意与温暖的地方，它安静、温柔、有趣，有山、有水、有人生智慧，仿佛一首悠扬的田园诗，每时每刻都散发着轻松愉悦的气息。

在这里，你可以享受宁静的田园风光，体验舒适的住宿环境，参与丰富多彩的活动，品尝美味的佳肴。在这里，时间仿佛变慢了一样，让人可以静下心来，聆听山语，倾听禅语，开启一场疗愈之旅。

理想主义下的民宿

宁静、舒缓、朴素而又充满诗意的栖居之地

阿若康巴·拉萨庄园 夏天

　　阿若康巴，在藏语里意为"来吧，朋友"。曾经茶马古道上的马帮人和旅者常常用这句温暖的话语来问候彼此。在备受欢迎的小旅馆里，奔波劳累的赶马人卸下厚重的行囊，相互寒暄之后围坐在火塘边谈笑风生，把酒言欢，互道简短却温暖的那句问候"阿若康巴"。

　　"来吧，朋友"，我们在茶马古道的重要枢纽西藏拉萨，把这份温暖和情谊，化作一个宁静、舒缓、朴素而又充满诗意的栖居之地——阿若康巴·拉萨庄园。

　　在拉萨河边毗邻古城的城市创意街区，阿若康巴·拉萨庄园大面积白墙和黑色木做的超大门窗，好像一个个

阿若康巴·拉萨庄园

▲阿若康巴民宿外景

理想主义下的民宿

▲ 西藏阿若康巴·拉萨庄园的特色美食

▲ 拉萨庄园楼上远眺风光

盒子被拼接在一起,建筑色彩克制简约、大方高级,一眼望去就是白与黑,如同宫殿,庄严又神秘,融合了现代藏式美学和布达拉宫质感。

藏族同胞生活在皑皑雪山之中,喝白色奶,奉献白色哈达,住白色的房子。在高原上,白色可以抗拒强烈的紫外线辐射。阿若康巴·拉萨庄园的外立面褪去色彩,承续了这白色,用粗质感的肌理,可以优雅地老旧,养出克制的中式侘寂风。

"侘"是简洁安静中融入质朴的美,"寂"是时光流逝的光泽。侘寂是一种哲思,一种心境,更是质朴生活的体现。

酒店的庭院好似由西藏民居常见的院墙与建筑围合成的庭院空间,在中间核心地面区域采用7种不同颜色的场砖拼出超大正方形,它既像超大彩色藏毯,又像充满魔力的彩色旋涡,建筑起伏的层次如同拉萨的山峦,光影交错下的大房子成为奇妙的空间。

在这远离繁华纷扰的闹市区,寻来的一方舒适自在"居心所",足以治愈和安放生活的不知所措,让人从浮躁走向平和,在与时光相濡以沫的过程中,抚平杂乱繁冗的思绪,进入静心的状态。看似寡淡、疏离、饱经沧桑,却偏偏有一种让人无限回味、深入其中的魅力,那是洗尽铅华后对本质的追求。

走进朴实无华的空间内部,茶马古道沿线的多元文化元素完美地融进了庄园。

庄园立面为了呈现出藏地建筑典范布达拉宫的墙面肌理,最终采用建筑墙面的涂料。我们找遍藏区各种石头骨料,最终以水磨石糅合土黄色色粉形成阿嘎质感的地面,复原打造现代版的"阿嘎土",触摸起来有一定的肌理感。

每年降神节即是布达拉宫刷新外墙之时,依照传统,主理人贡培扎巴也会在降神节来临之际为自己的那面"心墙"开始涂刷。

廊道中的彩色玻璃小窗折射出五彩璀璨的光芒,挑檐上铺贴的岩石板,是一块块从山南寻找的,纤波浓点,错落其间。

庄园整个空间,被水泥灰、米白色、土黄色、原木色,包括浅卡其色等,调制成素净、枯寂的自然色调,成为叙述中隐而不露的指引,艺术气息萦绕每一方空间。

客房空间以温和的灰色调打底,天然的纹理,整体低饱和度的用色,还原了家居干净纯粹的质感。室内的家具及收藏品古朴而承新,皆是有时间感的物品:朴实自然的原木桌椅、天然亚麻沙发、温润质感的床品、手工编织藏式地毯及孤品茶几……细节里处处呈现出侘寂风,以及主理人对人生和居所的独特理解。

还有,最奇妙的就是庄园白墙上的黑木窗,框住流云,组合成画,也为那些对精神与灵魂有所渴求的现代人,开启一间可以凝神而望的出口:窗外,是雪山的恢宏,是山神的悲悯;而窗内,则是自我最开始赤条条的纯粹与安宁。

为此,庄园释放出更多供人沉思的空间,将喧闹隔离在这个小世界之外。室内室外大面积的留白,亦是能容纳下万物:光线、秩序、情绪,自在地呼吸……

▲拉萨庄园客房

▲拉萨庄园大厅

▲拉萨庄园洗手池

▲拉萨庄园客房特写

周国平曾说:"人生最好的境界是丰富的安静。这是因为摆脱了外界虚名浮利的诱惑,我们拥有了内在精神世界的宝藏。"

由此可知,空间上的窗带来情感上的归属,令心境和态度发生微妙变化。

它一部分向内心静谧处游走,一部分沿信仰最神秘处追溯,在当代性与藏地文化之间,辟出了一方在日常生活之中亦有所精神寄托的侘寂之地。

美国著名的建筑大师路易斯·康曾说:"自然光给予了空间特性,也给予了建筑生命,建筑的生命是由光的照射产生的。"

光既是时间的记录者,也是建筑生命的赋予者。它有着冷与暖的不同状态,也有强烈与柔和的不同表达。

在拉萨,每年平均日照总时数多达3005.3小时,平均每天有8小时15分钟的阳光。不同时间的自然光穿过建筑的表层进入室内,与不加修饰的墙面纹理相得益彰,赋予空间极简而纯粹的意蕴。

一楼餐厅,充足的自然光线透过宽大的窗户洒入室内,餐具、装饰品不同的肌理质感随着光照变化而派生出岁月静好的旅居状态,同时也为用餐带来了明亮的氛围体验。木质方形餐桌与弧形餐椅,在光影下从质感上丰富了空间层次,透露着人间烟火的宁静诗意。

二楼客房,光影从玻璃窗投射到地面,窗帘、床榻到艺术装饰,浸润在温柔和煦、静定自在的禅意氛围中,心回归私享空间的私密性与睡眠空间的舒适度,不自觉静下来、慢下来,也清明透彻起来。

客厅里摆放杂志、植被、茶具、艺术品,在光影中透露着清雅气息,透过玻璃,外部的世界仿佛是另一种存在,汽车、人群、喧嚣、熙攘、繁复,与此空间对立而置。

楼顶处铺设了茶空间,搭配古朴温润的户外桌椅,黑白藏式的晒帘,随茶道与插花对话古今,无意间氤氲着从容自如的淡雅之韵,这莫不是应了那句"坐酌泠泠水,看煎瑟瑟尘。"

三五好友在此品茗,谈笑间尽是生活的雅致。或独坐冥思,抵达内心深处,进入一种空状态。

当下,现代人需要什么样的避世之所?或者说需要什么样的旅居空间?或许拉萨庄园的大道至简——呼应自然和尊重人心的设计,最能唤起旅居者真实、柔软的情感共振。

理想主义下的民宿

幽丽清雅饮岚·白舍

饮岚·白舍 瓦特

珠海的东北部、珠江口内西侧有一个小岛——淇澳岛，它因毗邻历史悠久的广东省珠海市唐家湾古镇而被誉为粤港澳大湾区的明珠，犹如伶仃洋中的一颗宝石。淇澳岛是天然的城市人后花园，距离深圳机场仅需50分钟车程，前往广州、中山等地也极为便利，无论是短途旅行还是周末度假，都是完美的选择。

淇澳岛上有红、蓝、绿、白四色，你知道它们分别代表什么吗？

红色是指中国共产党早期重要领导人之一、中国工人运动的先驱和领袖苏兆征的故居和白石街抗英遗址。

蓝色当然就是大海。

绿色指的是国内连片面积最大的"淇澳红树林自然保护区"。

白色呢，就是"饮岚·白舍"。

饮岚·白舍藏身于海景宜人的淇澳岛古村中，与淇澳文昌宫为邻。整栋民宿以白色作为"打底色"，你只要远远地看到一栋掩映在苍翠绿林下的4层白色建筑和一棵高大的、把枝桠伸向四方和天空的古树，你就到了。

这棵200多岁的木棉树有着壮硕的躯干、顶天立地的姿态和英雄般的壮观气质。如果是早春时节，你能看到木棉树花开，那颜色红得犹如壮士的风骨，就像英雄的鲜血染红了树梢，远观好似一团团在枝头尽情燃烧、欢快跳跃的火苗。

民宿原本是村委会的办公场所，已有30年楼龄了。村委会搬新址后，这里便荒废了。通过重新设计修建，主理人将树影嵌在时光里，使其重生为一家幽丽清雅的避世民宿。

在停车场停车，可见木棉树下有木门，木门禅静朴

▲珠海饮岚·白舍前庭院

素，好似一位亲切的姑娘在迎接每一位开车而来的客人。

进了木门，就是前庭院，主入口处是一处拾级而上的叠石造景，配以黑松和叠瀑，踏着温润的青石台阶转折而上，篱笆墙映入眼帘，一池予人平静的水洗石地面在那院子内徐徐铺展开来，任其"辽阔"。整个空间大量留白，只为让阳光可以在上面潇洒随性地绘画，错落有致是想让阳光轨迹跟着光走，把充沛的阳光、古村的风韵装进房子。

后庭是全园最主要的山水空间，动线从大堂开始，沿整个山水空间环绕，黑松和凤凰木与景石组成了禅意空间，一座小桥轻盈地飞过水面，跌落的潺潺水声成了民宿大堂最美的背景音乐，这一景也是客人们最流连忘返的地方，很多人在这里发呆一下午，让自己暂时逃离现实生活中的那个疲劳的自我，获得身心的放松。

前庭与后庭的连接空间，以枯山水的形式弥合空间，既自然而然又安静恬淡。

室内陈设整体上现代而简约，简洁的线条和原木色家居设计，没有过多粉饰，白色的墙面，又显得十分温馨，庭院绿植与山水景又体现了中式园林之美，让人仿佛住进了东方美学里。

民宿共4层，14间客房，简单的木色，素白的墙面，没有什么过余的装饰，大多选择天然的材质，朴拙而亲切。家具既有老的器物，也有新作之物，共同之处是有着适合日日使用的良好秉性。但又各自有其神态、姿势、表情，还有独一的气质、来历与故事。色彩也都淡雅从容，来自大地、草木、河流、云朵，客人的心性、品藻、风度、气韵会随着这些物件一起经历时间的洗礼，自然地流露出来。

客房配备了高低不等的床、软硬不同的枕头、大小不一的拖鞋等，这些差异化的用品配备，可以满足不同的亲子入住需求，从细微中体现民宿的贴心和用心。房间的大落地窗可以让你把满院的绿意和生机尽收眼底。

一层带庭院的大床房，除了是同样宽敞的房型外，还拥有私密性极好的独立庭院。在静谧的院子里，不仅能于私人水池中享受夏日清凉，还能倚在椅子上望竹听风，美哉妙哉！

顶层的星空亲子房，其房间天花板设有观景式天窗，游客可以睡在苍穹下，遥看繁星密布。大开角景观飘窗上放置着茶几、茶具和藤编蒲团，三五好友在这里，品茗聊天，甚是惬意。

▲饮岚·白舍过道

▲饮岚·白舍客房

▲饮岚·白舍一层大床房

顶层布置了超大露台和阳光书屋，和一层的休息区、餐食区、咖啡吧、酒吧、游戏室一起丰富了"饮岚·白舍"的住宿时光。

饮岚·白舍的庭院设计荣获中国最高级别的庭院设计奖——园集奖，还因其独特的设计和优质的服务，被评为珠海首届乡村最美民宿。这里的庭院是举办婚礼的热门地点，每年都有众多新人在百年木棉树下或是香火鼎盛的文昌宫旁举办庭院婚礼，这些地点的美好寓意吸引了无数情侣来此许下终身承诺。

是啊，如此禅意满满的侘寂宅院，正适合虚度一日时光。民宿为客人准备了当地美食的推荐地图，让每一位旅行者都能轻松探索和享受地道的美食。早上，在村里小店吃一碟手工肠粉，中午，到市场买海鲜后，回来下厨烹饪，下午，窝在民宿喝杯咖啡、逗逗猫狗，晚上，吃烧烤、玩桌游，还能小酌几杯。

民宿还会建议你去历史悠久的淇澳文昌宫走走，每日来这里祈福的人络绎不绝，在这香火福地，不妨为自己、为家人也祈福许愿；红树林自然保护区更值得大家去伸展腰身，散步观鸟，赏温情落日。

不妨择一清闲之日，漫步淇澳村、栖息在"饮岚·白舍"，体验绿树成荫、林海苍茫的醉人，感受烟火暮色中的古村韵味。

最后还要报告一个好消息，"饮岚·白舍"是珠海首家宠物友好民宿，准备有狗狗玩具、零食和尿垫，并且有清洁好的狗屋可以借用，你再也不用为带心爱的宠物出行而担心了。当然，"饮岚·白舍"的宠物小主人——一只猫和一只柯基，也很可爱，它们会是你最好的旅伴。

除此之外，饮岚·白舍也是特斯拉车主友好的民宿，为驾驶特斯拉的游客提供了专属的充电车位，确保每一位客人都能便捷、舒适地享受你们的旅程。

▲饮岚·白舍一层大床房

理想主义下的民宿

我和我的梵境民宿

梵境民宿　道一老师

2020年的春天，我又一次飞越天山来到新疆伊犁河谷。

初春的伊犁美不胜收，杏花、绿草、远处的山峰还有白色的积雪像极了一幅画。都说"不到新疆不知中国之大，不到伊犁不知新疆之美"，而我即将踏入梦中的伊犁，亲眼去见新疆之大，亲身去感伊犁之美。

得益于一次偶然的聚会，我听到了伊宁市文旅局苏书记的介绍，他为我们绘就了一幅伊宁市的美丽画卷——悠久的历史、异域的风情、丰富的植被——无不让我心驰神往。我游走在六星街感受俄式风情，深入喀赞其（维吾尔语的意思是"铸锅为业的人"）探究小院深处的人间烟火，在伊犁河大桥透过落日的余晖遐想西域三十六国的传奇故事。

或许是缘分使然，我在喀赞其新路街一巷19号爱上了梵境民宿前身的院子。

AAAA级的喀赞其民俗旅游区是北疆最大的少数民族聚集区，居住有维吾尔族、回族、哈萨克族、乌孜别克族、塔塔尔族等少数民族。有一种蓝叫伊犁蓝，说的正是这里。蓝色的院墙、蓝色的木门木窗、蓝色的小房子，触目所及是一片蓝色的海洋，弯曲的小路伴随着灌溉的水渠，伊犁河涓涓流入蓝色的小院。

民俗旅游区保留了传统的农桑文化，院子里圈养着几只小羊，或者养着鸽子、斗鸡。推开蓝色的院门，首先映入眼帘的就是院内的葡萄架，这里基本家家户户都种有葡萄。夏日，密布的葡萄叶是遮阳避暑的天然屏障，葡萄架下摆放着铺了漂亮花布的长条木桌子，桌子上往

▲新疆伊宁梵境民宿庭院

往会放一些待客的美食，如油炸的馓子、杏子酱自制糕点、巴哈利、核桃馕、酸奶面包等，令人垂涎欲滴，当然还有巴旦木、葡萄干、无花果干、甜杏仁等各类干果和时令的伊犁水果。

热情好客的主人、蓝色的房子、诱人的美食，这些画面在我脑海里久久萦绕，挥之不去，最终它们让我停下来，在这儿改造、建设、经营自己心中的梵境民宿。

走进梵境，可以体会到一种游走在西域三十六国的凝时之舞、无声之音。从爬满凌霄花的高耸大门进入，迎面是红砖墙混杂着凌霄的绿色叶子和橙红色的花朵，大门楼里左右各有一幅龟兹壁画，斑驳的画面展示着历史的沧桑，在水晶吊灯柔和的光线照射下，仿佛在烟尘故土中芳华新生。

推开铁艺大门进入梵境的院子，正面是纱幔低垂的砖木二层建筑，以及左右两侧狭长的庭院。沿着湖蓝色木栅栏围墙，大门左右种植有各色月季和两排果树——

▲梵境民宿客房

▲梵境民宿窗外的花景

▲梵境民宿庭院

理想主义下的民宿

▲ 梵境民宿庭院的实木小道

苹果、海棠、野酸梅、桑树。瓷片拼花的水泥地面直通前台。

梵境小院的草坪里铺有一条实木小路,贯通民宿两侧区域,春夏秋三季小院各有不同的景致,四时都有鲜花硕果含笑迎客:春日弧形楼梯上覆盖着粉白色的杏花,衬托出小院的艳丽;夏日浓郁的树荫下可品茗畅谈;秋日成熟的果子请君品尝。小院在方圆之间,别开生面。

在梵境的小院静坐发呆,神思穿越时空,穿越生命的山水,来到从未踏足的地方。小院的花开谢有度,像枕畔的春苗绿进了心田,不由得让我远离城市的重重喧嚣,踏入剪剪花、采采果的悠然生活。

我清晰地记得改造梵境的初衷——给来新疆的旅人一个远方的家。用旧门窗改造的洗手台、化妆镜,散发着古朴的气息。庭院中间醒目地矗立着一个由旧门窗组合拼接的白色木屋。木屋四周全部是各式各样的旧门窗,无有雷同,恰到好处的你挨着我、我头顶着你的组合构成了木屋的四壁,沿着屋顶的木梁吊挂着几盏玻璃蜡烛灯,屋角的大喇叭留声机和中间带烟囱的黑铁壁炉给木屋增添了几许情调。这个白色小屋的名字叫"见或不见",夜晚玻璃屋顶的灯串亮起,散发出温暖的光芒。"见或不见"见证了无数情侣的甜蜜、生日寿星的欢笑和情定终身的誓言,这就是我建造它的天然使命。

新疆有其他地方望尘莫及的自然风景——草原、湖泊、荒漠、雪山;新疆也有着区别于其他地方的独特人文——多民族的交融与碰撞,赋予这里神秘而诱人的民风民俗。梵境民宿的客房恰似伊犁的自然美景,每个房间各有不同,最受喜爱的客房莫过于沿弧形楼梯而上的二层花浴景观房了。

二层的客房一共4间,由4种颜色的壁纸和木桩子进行区分,每个房间都有一个手工砌的花砖四方浴池,浴池四周有雕花木柱装饰,三面悬垂白色纱幔,波希米亚风格铜吊灯将光影从镂空灯罩映射到白色纱幔上,营造出一种西域氛围,铁艺栏杆床上的慕思床垫被彩色的床品包裹覆盖,而榻榻米上的床垫则用手绣花布做了装饰。

四间花浴景观客房还独享着纵贯二楼的木质走廊,

住客可以光脚踩在柔软的地毯上，欣赏雕花木柱间隔的白色纱幔，而坐在栏杆旁边的白色欧式圆桌上俯瞰民宿小院又会是另一番风景。偶有鸽子从屋顶飞下，来到草坪觅食嬉戏，与小院的花草树木融为一体，一切皆是浑然天成。

一层的5间客房都有独立的入户通道和院外的共享空间，乡村风榻榻米、实木圆梁的屋顶、彩色水泥地面和同色的半高挡墙、床头的绣布装饰、湖蓝色的木门木窗，组成了客房的在地民居基调。

梵境之旧，在喀赞其的色彩和光影中，一切旧事物和老物件在这里都重新绽放出了新的活力。一块花砖、一扇木门，都是开启时光回溯的密钥，无论是精挑细选的年代织品，还是保留了古拙味道的木头老桌子，抑或斑斓于水泥地的小小花砖和淋漓了经年风雨的旧窗子，都在用心的改造中焕发光彩。

梵境之新，是异域风情的内涵，是星级酒店硬件的蓬松舒适鹅绒被和裸睡纯棉的床品，是慕思安眠床垫，是24小时全天候热水，是科勒卫浴，是罗格朗安全电器，也是梵境专属定制的五星级酒店级布草、洗护用品。

悠悠故国，千年回望。梵境客房名，便是借鉴古三十六国之意，设想客人推门入幕，即穿越时空重回西域。

妙姝，情犹眷眷是为妙，美好悦目即为姝。
柔然，情暖不烫是为柔，若火之始便成然。
大宛，百年大梦谁先觉，宛转平生我自知。
小宛，小楫溯游从，宛在水中坻。
莲华，莲华九品无三恶，自然身挂珠璎珞。
雀离，牛羊衔草窥环珮，鸟雀离花听管弦。
西月，一切有为皆泡影，世事半阙西江月。
伊婼，伊人月下戴红妆，相思月缈婼含烟。
素墨，素心淡泊与相安，挥手墨尽此淋漓。

被誉为"塞外江南"的伊犁，以其壮丽的自然风光和丰富的民族文化而闻名。从梵境出发，可前往赛里木湖欣赏湖光山色，感受"大西洋的最后一滴眼泪"的纯净与美丽；也可前往那拉提草原，体验草原的辽阔与壮丽；或者前往喀拉峻大草原，欣赏壮丽的雪山和广袤的草原风光。

而梵境民宿永远是您在远方的家，不论您在天山脚下，或是在伊犁河畔，当回到梵境民宿，终能还您一方壮丽之后的宁静。

▲ 梵境民宿二层客房

理想主义下的民宿

武安漫宁度假民宿

漫宁民宿 贡占宁

"人神共居的地方""世外桃源""最美太行",这些都可成为河北邯郸武安漫宁民宿的代名词。漫宁静怡、灵动、秀美,东有太行山脉、茶壶山和东太行山,西有青崖寨的原始森林保护区,群山环绕、层层叠叠,成就了它的独特意境——民淳俗厚,独具一格。

漫宁民宿位于国家自然保护区青崖寨腹地,依山而建、伴村而居,保留了当地特色的传统民居样式——石板房。因海拔高、气温低、湿度大,石板房多是下部镂空的侘寂风建筑,顺着山坡用长短不一的石头将路面架成水平,居住层被托离地面,起到防湿防潮的效果。漫宁民宿是平地而起的三层建筑,并进行了现代化的工艺设计,双层的落地大窗可以让人把周边的山景尽收眼底,且观景的同时也不妨碍保温防潮,在不破坏周边环境原始特色的基础上,结合现代工艺对房屋做装饰,让游客既能感受到原汁原味的特色石板房,又能体验到入住的舒适感。

如果说青崖寨是遗落在人间的仙境,那么漫宁民宿就是这仙境中的一颗明珠。每一位入住那里的人都会为它独具特色的房屋而称奇,为它一见如故的火塘夜话而开怀,为它山长水远的绝美景色而赞叹。它也会回赠给你安宁、温暖和静怡,为你卸下生活中的满身疲惫。

晨起,到餐厅吃几个当地特色的槐花包子,喝一碗南瓜粥,坐在餐桌前放眼望向对面巍峨的太行山脉,听听清脆的鸟鸣,身心舒畅。如果你在秋冬季节来到漫宁,还能看到从山谷中升腾起的雾气将整个太行笼罩,雾气聚了又散,散了又聚,群山掩映在层层雾气之中,忽明忽暗,别有一番趣味。吃完早餐趁着雾气还未完全散开,沿着山路行至观景台便可看到雾气蒙蒙的茶壶山背面——五指山,这里群山环绕,雾锁烟迷,恍似真正的"世外桃源"。

作为一家具有地域特色的民宿,漫宁有着当地的特色美食——武安拽面。据传,它始创于清末民初,是地

◀ 漫宁民宿客房外景

▲漫宁民宿夜景

▲漫宁民宿咖啡厅

▲漫宁民宿儿童休闲区

▲漫宁民宿客房

道的武安家常面食。北方面食文化博大精深，武安拽面更是将其精髓发挥得淋漓尽致。打卤、和面、拽面，每一道工序都十分讲究。卤子可荤可素，种类丰富；面团反复轧绕，方能筋道有力；面条擀切掂拽，才可宽厚适宜，入口韧软爽滑。这一碗拽面是许多武安人心心念念的晌午饭，更是无数异乡游子牵肠挂肚的浓浓乡愁。

走进漫宁民宿的咖啡厅，一股悠然的气息扑面而来。在这里，时间仿佛都放慢了脚步。你可以随意找一个安静的角落，窝在舒适的沙发里，让自己完全放松下来。耳畔轻柔的音乐，仿佛在诉说一个个闲适的故事。

点上一杯精心调制的咖啡，那浓郁的香气弥漫在空气中，让人沉醉。细细品味咖啡的醇香，感受味蕾上的奇妙体验，身心都会变得格外舒畅。

还可以选择一款心仪的西点，坐在窗边，细细品味。那入口即化的口感，甜而不腻的味道，让味蕾都沉浸在幸福的滋味中。

透过窗户，能看到外面如画的风景，或是阳光洒在绿叶上，或是微风轻轻拂过。在这宁静的氛围中，一切都那么让人安心，让人可以尽情地享受这休闲的时光，而没有丝毫的压力与束缚。在这里，每一分每一秒都充满了闲适与放松，让人忘却了外界的喧嚣与纷扰，只愿沉浸在这方小小的咖啡天地中，感受生活最本真的美好。

漫宁民宿的入户温泉，是一处让人沉醉其中的绝妙之地。

一踏入私汤小院，那私人的温泉池便展现在眼前，热气腾腾，仿佛在召唤你去享受那份独特的温暖与舒适。温泉水潺潺流动，散发着淡淡的矿物质气息，让人瞬间放松下来。

你可以褪去疲惫的外衣，缓缓步入温泉池中，感受那温热的泉水包裹着身体，每一寸肌肤都被滋润着，所有的压力和疲惫都渐渐消散。在这里，时间仿佛静止了，你可以尽情地享受这份静谧与闲适，让身心得到彻底的舒缓和放松。

或是在夜晚，点上几盏柔和的灯光，边泡温泉边欣赏宁静景色，感受那份与自然融为一体的美妙体验。漫宁民宿的入户温泉，为每一位来到这里的游客提供了一个私密而惬意的休闲空间，让人沉浸在这无尽的舒适与美好之中，让人流连忘返。

踏入漫宁民宿的陶艺室，仿佛走进了一个充满创意与宁静的艺术天地。

理想主义下的民宿

▲漫宁民宿私汤小院

▲漫宁民宿陶艺室

▲漫宁民宿西点区

陶艺室布置得温馨而雅致，摆放有各种陶艺工具和作品，散发着泥土的质朴气息。在这里，你可以尽情地发挥想象，感受泥土在手中的奇妙变化。

坐在陶艺台前，双手轻轻触摸柔软的陶泥，内心瞬间变得无比闲适。随着双手的摆弄，陶泥逐渐成型，仿佛是在与自然对话，每一个动作都充满了无边的乐趣。

制作时，可以完全沉浸其中，忘却一切烦恼与疲惫，享受这份独特的休闲时光。当你看着自己的作品一点点呈现出来，心中一定满是成就感与满足感。

周围的环境安静而舒适，让人可以放松身心，专注于陶艺创作。偶尔抬起头，看看窗外的美景，或是与一同体验的伙伴交流几句，更增添了几分愉悦。在这里，时间仿佛静止了一般，只有对艺术的追求和对生活的热爱在流淌，让人深深感受到漫宁民宿陶艺室带来的舒适、休闲与悠然。

踏入泳池区域，首先会被那与周边自然景观完美融合的景象所震撼。绿树环绕，溪流潺潺，仿佛畅游在自然的怀抱之中。无边的设计更是让人眼前一亮，望向远处，水天相接，如梦如幻，可在这里尽情拍照，记录下那一个个绝美的瞬间。

泳池里的水清澈见底，肌肤与之接触，感受到的是无尽的舒适与清凉。你可以像鱼儿般在水中自由穿梭，享受畅游的快感，每一次划动都带着欢快与活力；还可以静静地浮在水面上，闭着眼睛，聆听自然之声，感受着阳光洒在身上的温暖，全部身心都放松下来。游累了，可以到泳池周边的休息区，或躺在舒适的躺椅上，喝些清凉的饮品，欣赏蓝天白云和周围的美景，或与同伴轻声交谈，分享此刻的闲适与愉悦。时光仿佛在这里停驻，一切都是那么惬意而美好。在这里，你体验到的不仅是身体上的放松，更是心灵上的慰藉与满足。

在漫宁民宿的西点区，你的选择更是多种多样。从经典的奶油泡芙到巧思十足的慕斯蛋糕，从口感丰富的芝士蛋糕到造型可爱的马卡龙，每一款都是烘焙师们用心创作的艺术品。

而在这里，你不仅仅是一个品尝者，更是一个参与者。烘焙师会邀请你进入烘焙室，亲自尝试制作这些美味的西点。在他们的指导下，你可以学习到烘焙的技巧，了解到西点的奥秘，更可以在制作的过程中，感受到烘焙带来的乐趣和成就感。

当你亲手制作出的西点从烤箱中取出的那一刻，你会明白，这不仅仅是一场味蕾的冒险，更是一次心灵的旅行。在这个西点区，你可以找到那份久违的宁静和满足，可以找到那份属于家的味道。

夜晚的山里万籁俱静，但露台里篝火晚会却热闹非凡，从四面八方而来的游客和当地居民围坐在火塘边烧烤、喝酒、畅聊，品尝着当地的原生态蔬菜和猪肉、羊肉，觥筹交错间仿佛大家都是相识已久的朋友。如果你更享受一个人独处的自在，那坐在屋外阳台的桌边喝一杯热茶，看一看繁星点点的夜空，融入自然，放空思绪，放松身心，也是不错的选择。

太行山传统四合院民居坐落其中。四合院，又称四合房，是中国汉族的一种传统合院式建筑，其格局为一个院子四面建有房屋，从四面将庭院合围在中间，故名四合院。一个四合院，框一方天地，里面有四季轮回的雅致风景，里面有四世同堂的其乐融融，身处其中，心便能安定下来。四合院不仅布局严整，院落敞亮，其完美也体现在装修、雕饰……处处体现着民俗民风和传统文化，充满着浓郁深厚的文化气息，既体现了院主人的品位雅趣，也表达了对美好生活的向往。

漫宁民宿，提供的不仅是一处住宿之所，更是一个让你远离尘世、放松身心的避风港。在这里，你可以找到家的感觉，可以体验到不一样的旅行。

理想主义下的民宿

▲ "桂江第一湾"——广西桂林平乐县长滩湾

知行美宿，桂江幽梦

知行·美宿 词珍翰绮

　　沿着长长的陡坡驱车而下，一湾碧水映入眼帘，这便是"桂江第一湾"广西桂林平乐县长滩湾。半山腰处，知行·美宿静立其间。轻推柴门，门后便是绿树浓荫的小道，越过古朴石桥，潺潺流水与水车溅起的水珠相伴，穿过挂着青果的果园，便来到民宿的前台兼休闲大厅。老板陶子早已在门口等候，桌上的热茶，清香袅袅。

　　知行·美宿，由废弃的供销社仓库和门店改造而成。计划经济时代，供销社曾是小镇物资供应的重要枢纽，随着市场经济发展，20世纪90年代末，它逐渐走向衰败，建筑也年久失修。

　　陶子在桂江边长大，对这片土地有着深厚的情感。大学毕业后，他在珠三角打拼，随着年龄增长，回乡创业的想法也越发强烈。一次偶然的机会，在朋友的推荐下，他看中了这里的环境，于是倾其所有租下了这片废弃之地。

　　一栋临山而建的两层砖瓦老楼修旧如旧，内部则改成了十几间宽敞客房。临江一面是全景阳台，摆放着藤椅和坐垫，还有洁白的浴缸，与宽大的淋浴房相得益彰。想象一下，坐在阳台上，看书观景，或是泡在浴缸中，欣赏对岸的绿水青山，是何等的惬意。

▲ 落日下的桂江

客房旁是多功能大厅，门口是前台，大厅内摆放着茶桌，茶架上的茶叶可供客人随意取用。书架上摆满了各类书籍，靠窗一角有书桌，文房四宝一应俱全，客人可在此挥毫泼墨。柜子上还摆放着古典唱片机、旧电视和电影胶片放映机，复古气息满满。

大厅外是户外观景台，视野极佳，站在玻璃围栏处向外望去，"桂江第一湾"的美景尽收眼底。观景台下有小型无边泳池，与桂江相连。沿石阶而下，转角处的黄泥巴平房也被改造成客房，房前的观景平台适合练瑜伽、抚琴引歌。山坡上种满了果树和花卉，虽空间不大，却精致优雅，尽显传统园林艺术之美。

再往下走，穿过矮房，便来到民宿展览室。这里曾是供销社门店，现在依旧摆放着旧货柜，里面是泛黄的货单、账簿，诉说着过往的故事。

展览室旁是用餐区，由供销社职工宿舍改造而成，

▲ 桂林平乐县知行·美宿大厅外的户外观景台

理想主义下的民宿

▲知行·美宿砖瓦老楼改造的客房屋顶

▲ 知行·美宿的用餐区

共两层。楼上大厅临江的一面是落地窗，还有开放阳台，用餐的同时还可欣赏江景。楼下是包间，紧挨着枝繁叶茂的古榕。民宿的油茶美食独具特色，饭后在多功能厅品茗聊天，陶子会和你分享桂江的历史。

桂江是珠江主要支流，发源于猫儿山，上游是漓江。自秦以来，桂江便是中原通往岭南的水上要道，沿岸景色秀丽，历代文人墨客、流官谪宦留下诸多诗篇。近代，孙中山先生也曾在此驻停演讲。

夕阳西下，漫步长滩老街，走过关帝庙和沿江老屋，残破的翘檐在夕阳下拉出长长的影子，仿佛在诉说着往昔的繁华与沧桑。

夜晚，伴着桂江的涛声和湿润的江风入眠，梦中仿佛能看到西瓯先民在江上渔猎，还能与古人吟诗唱和。清晨，一声汽笛将人唤醒，打开窗帘，对岸炊烟袅袅，桃花岛烟雾缭绕，江面上薄雾弥漫，船夫在小船上悠然撒网，好一幅宁静的江晨渔猎图。

▲ 知行·美宿里与桂江相连的无边泳池

理想主义下的民宿

拜托了,"小摆托"

憩域·小摆托　赵小朗

在这快3年的日子里,我"摆脱"了什么呢?

时间在这个少数民族村落里变得非常清晰,春日的花、夏夜的萤火虫、秋天的落叶、冬季的雪,掰着指头看了三次花,捉了三次萤火虫,扫过三次落叶,被冬雪白过三次头,所以记得很清楚是三年了。

清晨通透的阳光隔着窗帘已经涌进房间,推开房门就是洒满阳光的院子,院子外是青石板路,一路走过去植物葱茏、栅栏整齐,这就是我舒适的港湾。回到茶室泡一壶茶,陆续有客人加入,不免就会提到"小摆托"这个名字。

说起名字,就需要说一说村头寨驿道上那块神奇的石头。这块石头自村落有人以来就已经矗立在那里。村子里的人都相信这是保佑这村子的神石,它可以帮助人们躲灾避害,还能让人摆脱烦恼。所以我们就借这块神奇石头的力量,希望能帮助大家摆脱小小的烦恼,小摆托就这样诞生了。大家一听都好奇起来,所以我们干脆把茶席搬到神石旁边去。

找来管家帮忙收拾好茶具,再弄点小点心,一路穿过村子,一路和大叔大婶们打着招呼,逗逗小孩,以及小猫小狗,村子里的人们仿佛真的得益于神石的保佑,所以平和而悠闲,无论是在休憩,还是在房前屋后忙活皆是如此。

重新置下茶席,大家话开了,或多或少都有一些希

憩域·小摆托

▲贵阳花溪憩域·小摆托民宿

望能摆脱的事情，有的人想摆脱工作、有的人想摆脱当下的生活、有的人想摆脱一个人或一段往事……既然来了小摆托，那我们就借神石来做一个摆脱仪式，我给大家一张纸，一支笔，把我们想要摆脱的东西写下来，祈祷神石保佑。我们还约定，过些日子，如果实现了摆脱的愿望，我们再来相聚。

当我们明确是什么在阻碍我们，然后下定决心了，实际上就真的容易摆脱了。回去的路上，每个人都似乎轻快了许多。

而小摆托帮助来自城市的客人们暂时摆脱车水马龙的交通、高楼林立的空间、日复一日的工作，是源于它带来的回归自然的治愈。

小摆托有田地几亩，我和小伙伴们依四季农时，打田、犁田、放田水、施肥、除草忙活一季，让不同时节来的客人可以参与进来，或者插秧，或者收获，经过一晌半日的劳作，身体却是放松的，胃口是大开的，精神是愉悦的，更得一夜安眠。

客人们的体验对我们来说更是生活，看到小伙伴们收拾田地的打闹嬉戏声，有时候我都会恍惚，他们是在为客人准备惊喜，还是为自己过舒心日子，甚至我都在怀疑，小摆托的存在，根本就是为了我们这群人，我们想摆脱城市的喧嚣，然后在这个小山村里构建属于自己的热闹。

"方宅十余亩，草屋八九间。榆柳荫后檐，桃李罗堂前。暖暖远人村，依依墟里烟。狗吠深巷中，鸡鸣桑树颠。"陶渊明的《归园田居》是对田园生活的最真切的描述。客人们播下玲珑的种子抑或享受收获的喜悦，我们真真切切长住在这片山野，看着客人的种子们破土、发芽、开花、成熟，看到客人们为它们欣喜、歌舞、感动，这才发现我们的生活被赋予了不一样的意义，原来

▲ 小摆托民宿的几亩田地

我们才是这片田园收获最多的人。

"春有白花秋有月，夏有凉风冬有雪"，四季光景都是大自然的独特味道。待到冬日，山色渺渺，蜗居在小摆托是最好的选择，庭院里的老枯树依然坚挺，枯枝上挂满了结霜的水珠，仿佛寒冷的冬天给大自然铺上了一层银装。端一杯热腾腾的茶水坐在庭院里，可以静静观察这片山野。寒风凛冽，但内心的宁静与和谐却在我身体里流淌。聊天、收拾庭院里的落叶、静观鸦雀对话、翻晾客人的非遗蜡染和手工……在冬日的小摆托，我从容地生活，有更多时间静下心来思考生活和人生。

在这个喧闹而忙碌的世界里，人们总是被各种事务所困扰，回归现实的奔波中，容易迷失自我。然而，我闭上眼睛，凝视内心，世事繁杂，唯有心灵的宁静才能让我感受到生活的真谛，我反而找到了与自己灵魂对话的时刻。在这个小小的山野空间里，更能让人放下争斗和戒备，获得内心的平静与满足。

我们总是在外界的纷乱中迷失自己的初心，忘记自己从哪里来，要到哪里去。曾经我对生活有着许多期待和追求，对于成功和名利有着种种希冀。但是在小摆托的日子里，我发现人生的真正意义并非在于那些外在的成就，而是在于内心的富足和内心的成长。在这里，我找到了舒适、平静和平衡。生活并不需要过多的奢华，早上的一杯热茶、下午的一本好书、晚上的一次瑶浴，便足够让我沉浸其中，洗涤心灵。我领悟到，生活的价值并非在于数量，而是在于质量。

现在，当有朋友再问我，在小摆托，你想要摆脱什么呢？或者你摆脱了什么呢？那我的回答是，我们要摆脱那些无效的忙碌和追逐，停下脚步，回归内心，在内在的平静中找到生命的真谛。

所以，拜托了，小摆托。

▲民宿所在村落的一角

▲小摆托民宿田地间的石路

理想主义下的民宿

▲ 黄山苦株树故事民宿露台（丁峤楠/摄影）

解锁皖南群山中的诗意山居

苦株树故事民宿　蒋若童

在皖南群山的褶皱里，苦株树故事民宿（安徽省黄山市）像一枚温润的玉，静静地镶嵌在一片翠色之中。这里没有城市的喧闹，只有宁静与美好，仿佛是大自然精心雕琢出的世外桃源，等待着每一个渴望远离尘嚣的灵魂的到来。

沿着蜿蜒的山路盘旋而上，建筑群渐渐显露。民宿巧妙地将民国建筑元素与现代风格融合，既保留了马头墙、花窗等传统符号，又通过大面积落地窗、开放式露台等设计，让建筑与自然浑然一体。阳光透过云层洒在粉墙上，映出斑驳的光影。庭院中的石板路蜿蜒曲折，两旁点缀着几丛翠竹和几株山花，偶尔有几片花瓣随风飘荡，落在青石板上。

庭院旁，那棵千年苦槠树傲然挺立，枝干虬曲如龙，树皮上布满了时光的褶皱，见证了无数岁月的变迁。它不仅是时光的见证者，更是山居生活的守护神。四季更迭，苦槠树展现出不同的风姿：春日新芽嫩绿，如翡翠风铃；盛夏浓荫蝉鸣阵阵；秋风起时，金黄落叶铺就一地锦绣；寒冬腊月，光秃的枝干在雪中勾勒出遒劲的线条，展现出坚韧与顽强的美，吸引着每一位客人驻足观赏。

在民宿中闲逛，宛如置身一幅生动的山水画卷之中，每一步都是一次美的享受。临水而居的房型，推开落地窗便是潺潺溪流，清澈的溪水在脚下流淌，带来阵阵清凉与宁静。夜半时分，雨打芭蕉的声音轻轻传来，让人沉醉其中，仿佛置身于一个梦幻的世界。面山而立的房型，晨起可赏云海翻涌，如梦如幻；暮时可观晚霞满天，绚丽多彩。站在窗前，仿佛置身于一幅巨大的山水画卷中，让人不禁陶醉其间，忘却尘世的烦恼。藏在竹林深处的房型，夜半可闻竹叶婆娑，沙沙作响声，仿佛在诉说古老的故事；晨起可见露珠晶莹，挂在竹叶尖上，闪烁着耀眼的光芒。每一间房都经过精心设计，既保留了传统民居的质朴与自然，又融入了现代生活的舒适与便利，让客人在享受自然美景的同时，也能感受到家的温暖与舒适。

苦株树故事民宿

▲苦株树故事民宿庭院旁的千年苦槠树（丁峤楠/摄影）

庭院一角的茶室是民宿的一处宝藏之地。在这里，茶香袅袅，总有客人品茗闲谈，偶尔拂过的山风，带来远处松涛的呜咽，让人心旷神怡。茶室的布置古朴典雅，木质的桌椅散发着淡淡的木香，与周围的自然环境完美融合。坐在茶室中，品一杯香茗，望着窗外的庭院美景，时光都慢了下来，此刻，王维笔下"空山新雨后，天气晚来秋"的意境也有了实感。

暮色四合时，民宿的灯火次第亮起。暖黄的光晕映在粉墙上，勾勒出建筑的轮廓，增添了几分温馨与浪漫。餐厅里飘来徽州特色菜的香气，臭鳜鱼、毛豆腐、腊味合蒸……每一道菜都承载着徽州人的智慧与乡愁，让人垂涎欲滴。在这里，你可以品尝到最地道的徽州美食，感受徽州文化的独特魅力。饭后，客人们或漫步在庭院中，欣赏夜色中的美景；或坐在露台上，仰望星空，此时月光如水，带来一丝丝凉意与宁静。这一刻，所有的烦恼与疲惫都仿佛被这宁静的山居生活带走，只留下内心的宁静与满足。

四季的变化在苦株树民宿中变得分明起来，每一季都有独特的韵味。春日，山坡被野花点缀得五彩斑斓，清晨推开窗，湿润的空气夹杂着淡淡的花香扑面而来，庭院石板路上的花瓣宛如春天的使者，宣告着生机的回归。夏日，浓密的树冠如伞，遮挡了炽热的阳光，带来一片清凉，潺潺溪水在脚下流淌，傍晚的凉风与如水月光，投下婆娑的影子，让人仿佛置身于一个清凉的梦境。秋风起时，层林尽染，山间树叶渐次变黄、变红，金黄的落叶随风飘落，轻轻铺在石板上，空气中弥漫着淡淡

▲苦株树故事民宿外山间树木雪景（丁峤楠/摄影）

▲苦株树故事民宿溪水边（丁峤楠/摄影）

▲苦株树故事民宿山间溪水（丁峤楠/摄影）

▲苦株树故事民宿茶室窗边（丁峤楠/摄影）

▲苦株树故事民宿庭院（丁峤楠/摄影）

▲苦株树故事民宿茶室一角（丁峤楠/摄影）

▲苦株树故事民宿俯瞰夜景图（丁峤楠/摄影）

的果香，丰收的喜悦在每一寸空气中弥漫。冬日，山间树木披上厚厚的白雪，宛如一幅水墨画卷，清晨推开窗，寒冷的空气夹杂着松香，几片雪花随风飘落，庭院静谧安宁，仿佛整个世界都被冰雪覆盖，只有这宁静的民宿在雪中静静矗立。

鸟鸣唤醒了沉睡的山谷，山间的雾气还未散尽，远处的山峰若隐若现，枝叶上还挂着露珠，在晨光中闪烁如星。这一刻，忽然明白为何古人总说"山中无历日，寒尽不知年"。在这里，时间仿佛凝固，只剩下四季更迭，草木枯荣。

离别的时刻，客人们总会忍不住回望那棵苦楮树。它依然静静地立在那里，像一位智者，默默注视着来来往往的过客。或许，这就是山居的魅力——它不张扬，不喧哗，只是静静地等待。走出庭院，回望那片粉墙黛瓦，忽然想起苏轼的诗句："回首向来萧瑟处，归去，也无风雨也无晴。"而苦株树民宿，也绝不仅仅是一处简单的住宿之地。它更是一种生活态度的体现，是对自然的敬畏与热爱的完美诠释。踏入这里，你仿佛置身于一个远离尘世喧嚣的避风港，暂时忘却城市的繁忙与嘈杂，回归自然的怀抱。在这里，你可以找到内心的宁静与平衡，重新找回那份久违的宁静与美好。

山居数日，仿若时光倒流，让人忘却尘世的纷扰。在皖南的群山中，一棵千年苦楮树，始终挺立在庭院之中，静静守望着这片山水，等待着下一次与旅人的邂逅。

理想主义下的民宿

▲衡阳雨母山庄·且留宿民宿夜景

且留宿，雨母山庄

雨母山庄·且留宿　贺晋路

在城市的喧嚣和繁忙中待久了，人就像上紧了发条的机器，一刻不停地运转着，疲惫不堪。我们也需要休息，需要充电，需要奖赏和取悦自己。于是，宁静和舒适的乡村成了城市人的必然选择。

距离湖南省衡阳市中心路程只要15分钟车程，有一个四季鲜明，冬暖夏凉，温润宜人的国家AAA级景区——南岳山脉雨母山景区，这里森林覆盖率高达78%，被称为衡阳市绿肺，是著名的天然氧吧。

森林包裹的村落里有一家融合新中式风格和现代简约风格的民宿——雨母山庄。新修葺的公路，一路通畅地开进山里。当沿路的树越来越茂密，很快便到达了民宿区域。

民宿小哥哥出来热情地帮忙提行李，带领大家到前台办理入住。在这寒冬时节，一进民宿大堂，淡淡的松木香气和火焰的热浪就穿过壁炉向我们弥漫过来，与冬夜的寒凉形成强烈反差。寒冷和温暖同时存在，这种立体感让我清醒又含混，像极了现代人的一种状态：一边孤傲克制地享受独处与人群疏离，一边又雀跃着渴望被温暖被关爱，与世界融会交集。

是的，矛盾就是如此的无处不在！

一位穿着古装的小姐姐笑盈盈地递上一杯温暖的茶水，然后静静等在旁边。她是前一天联系我们的管家，等我们办理好入住，她提着行李，带着我们找到房间。一路轻声细语地介绍民宿，这里有住宿房间、餐厅、禅茶室、会议室、烧烤吧等，可以让大家在这里享受休闲出游，也可以举办户外婚礼。

▲ 雨母山庄·且留宿民宿楼层

　　房间提前打开了地暖。不过一放好行李，我就迫不及待地到整个庄园去探索。庄园尽显自然纹理，一丛草、一条藤、一棵树、一座石，都在静穆之中清清浅浅地摇曳着返璞归真的慢日子。每到一个区域，碰到的工作人员都会用纯粹朴实的笑容与我打招呼。

　　简单地走了一会，管家通知我准备好了下午茶。甜糯的玉米，当地红薯，黏黏甜甜的当地叶儿粑粑，不同于在城市里买到的食物，这些简单的食材透着最新鲜最本真的味道，就像这里的人一样简单、纯粹、有温度。

　　去到餐厅，才是惊喜。民宿的主理人会经常带领厨师团队去全国各地寻找美食，进行研发，也非常尊重本地农业文化，利用本地农产品，呈现给客人高品质的食物。未曾想在山里还能品尝到如此精致的美味，真不知道雨母山庄还有多少惊喜等着我。

　　成年人繁忙的白天，属于工作、属于孩子、属于一切的外物，只有到了深夜，时间才真正属于自己，所以往往不舍得早早睡去。柔和的夜色下，与在民宿刚相识的朋友闲聊起来，聊家人、聊自己、聊心情感受、聊成长热爱，相同的喜好和长久的默契让我俩尽情享受着这个无比舒心惬意的冬夜。

　　月上中天，宁静寂然。白天色彩各异的树木眼下都统一在了阴暗的色调里。暖黄的灯光镶嵌在一应的景物中，映衬出树木的清朗挺拔、道路的交错往复、山水楼宇、亭台茶房的层层叠叠、参差错落。不同于闹市中夜的迷醉暧昧，山庄的夜晚清幽醇厚，坦荡傲然，身处其中人会心无杂念，安住当下。

　　黑暗悠远了树影的婆娑，风总是尽可能地彰显其存在，扑簌簌地摇晃着树的枝叶以点缀夜的空灵，还一面裹挟着焰火让柴木燃烧得更紧实。火光不停地升腾闪耀，如此美丽的夜晚，实在让人不舍入眠。

　　相比在城里赶早赶晚的，在这里一定想睡到自然醒。然而清晨7点，却被小鸟唤醒，但没有暴躁，只有好奇。

　　早上的山庄一派新生的模样，红的橙的绿的各色树叶独立又融合着，从远处一直延展过来，高大浓密的树冠掩映着线条分明的楼房，色彩缤纷而鲜亮。空气中带着露珠的幽凉，携着浅浅的晨雾，直钻鼻腔，深吸一口，清清凉凉，带着泥土和青草的芬芳，高密度的氧离子瞬间激活了我部分尚未睡醒的细胞，让我一秒清醒，神怡心旷！

一眼望去，水光山色的山庄在布局上实在得天独厚，因地制宜的建造和别出心裁的设计相得益彰，把民宿、餐厅、茶室、栖亭、路廊等所有的功能需要都安放在最妥帖的位置上，一应俱全，高低错落，相映成趣。尤其连接起各部分的道路造型各异，曲折蜿蜒又四通八达，加持着山庄的诗情画意。

风吹洒的落叶铺满台阶，踩上去绵柔无力但吱吱作响，清脆的鸟鸣声声在耳。与迎面碰上正在打扫的大姐互问早安，一群小仙女姐姐从一旁路过，刚刚还幽静安然的山庄，立马鲜活热闹了起来。

山庄的小景更是大有看头，尤其是插瓶和摆件。一个个古朴又新奇的摆件，承载着前人的巧思、光阴的积淀，我无比喜欢和惊叹于这些老物件的厚重感，正是它们的存在更彰显出整体布置的典雅格调来。

而插瓶则是山庄女孩们的绝活了，她们往往就地取材，上山剪回不同的枝叶，修修整整，搭配到造型各异的花瓶里，一件件艺术品就诞生了，或简约流畅或禅意顿生，或质朴大方，或典雅美丽，摆放到合适的位置上，总如点睛之笔，风格完善得恰到好处。

有了闲暇时间，散步到后山，你会发现更大的宝藏。一条小路蜿蜒曲折，两旁树木丛生，苔藓也生得茂密，新结的蜘蛛网被露水打湿，一颗颗水珠晶莹剔透，在这里不需要有什么目的，"虚度光阴"就很好。

一路赶紧小跑到雨母栈道观日台，去赴一场与日出的约定。凌晨的日出，人间皆是浪漫，是日出，也是新的开始。

山路走到头就到了山顶，那里有座寺庙赤松观，听说非常有名气，又名赤松子坛，因太虚真人赤松子在雨母山中修行而得名。寺庙的安宁与静谧，能使人忘却尘世间的纷扰，感受心灵的净化与重生。

一日留宿，就能被这里的山水治愈，被这里的安逸治愈，被这里的人治愈，被这里的热情治愈。

▲雨母山庄·且留宿民宿远景图

雨母山庄·且留宿

▲ 雨母山庄·且留宿民宿外景

▲ 雨母山庄·且留宿民宿客房

▲ 雨母山庄·且留宿民宿夜景俯瞰图

▲ 金华东阳林栖三十六院民宿

林栖三十六院

林栖三十六院　许佳琳

三单，浙江省东阳市最偏远的乡镇，海拔 800 米以上的高山有 9 座，被称作东阳"小西藏"，负氧离子在每立方 20000 以上，是国家级生态乡镇。

林栖三十六院便位于这叶罅光影和虫鸣鸟叫中。

初见这个民宿，有种让人拨开云雾见月明的欣喜感。因为它不是贸然出现在眼前，而是要穿过蜿蜒山路，让你先体验一份遗世独立的仙气。

直到斜阳下炊烟袅袅，扛着锄头的村民从乡间小路归家，晒花生的奶奶抓了一把塞进你的口袋，才会有落入人间的真实感，这也是我喜欢这里的原因，一半临山濒溪，还之仙境，一半位处传统村落，让予人间。就这样，遗世独立的山水秘境和热热闹闹的人间烟火，林栖三十六院都有了。

森林香气氤氲之处有人家。4 年前，我们把村民寥寥无几的空心村，整村搬迁，然后邀请当地传统的老木匠和村民们一起，在不破坏原有生态环境的前提下，把坍塌得只剩下地基的老房子，打造成"可观、可学、可游、可玩、可憩"的美学生活空间，将文化、艺术包裹着最温暖的人情，放进最好的自然里。

之所以叫林栖三十六院，是希望能在这片有灵性的土地上，集结 36 行、36 坊、36 院，让能工巧匠们在这里安居乐业，让手艺人、让往来的客人、让本来就长在这个村子里的人们共享一份诗意的栖居。

民宿共有 20 间客房，均以原木色调为主，携带着大自然最本真的味道，虽没有高奢之气，却温馨和煦，丝毫不缺现代居住环境的质感，让生活瞬间回归乡野的质朴。

美学院，一个呼吸自然、体味生活和美学的精神场所。空间、光影、自然、可持续的概念在这里完美融合，涵盖学习禅修、活动休闲、餐饮住宿等空间，蓝书别院就位于此地。它有着宫崎骏动画中日系木屋的清新，4间客房，开门便是随四季变换颜色的枫叶，秋天坐在院子里吹着山风，好不惬意。

竹林别院是我们的特色院子，以非遗茅葺工艺建造而成，院外是山川溪流、竹影婆娑、飞鸟虫鱼，院内是"奢华别院隐深山，花草垂门似瀑悬"。5间竹海景观房，落地窗、大浴缸、白色飘窗是标配，还有开放式餐厅酒吧，想做饭时便做饭，我常常邀请朋友在这里享受三餐四季，当一回陶渊明。

依山而建的3座可爱的 loft 小木屋，也是亲子家庭出游的不二之选。每年3月是这里最浪漫的时段，能满足孩子们对童话故事的奇妙幻想：有一群可爱的人，他们住在溪流边丛林里，枕着星辰入睡，闻着花香入眠，与动物做朋友，过着幸福快乐的生活。

山腰上的松林别院是最近的心头好，流水从门前穿过，自然触手可及，最写意的享受莫过于坐在庭院中，听风，望山，泡澡，让焦虑烟消云散。

我们还为每个客房都起了名字，远空、月白、少年、天青……远处青山隐现，窗前绿芽入墙来，在这里翻阅陶渊明的田园诗集，将阳光与青山竹林一并揽入怀中，过上开门见山、推窗入画的日子，大抵是很多人心中的诗意追求。

除了硬件设施，我们也坚信，一间好的民宿应有家的温暖。客房取旧时用了三单乡当地代代传承的"荷花被"所蕴含的美好寓意——一被子一辈子，将蓝印花布非遗元素巧妙融进内部装修及氛围陈设上，以不可复制的手工让身处他乡的旅行者生出家的归属感。

来吧，让我们一起来林栖三十六院做一回山民，感受这份岁月静好。

清晨，拉开房间的窗帘，窗外美景映入眼帘，新鲜的负氧离子夺框而入，微醺的阳光照进来，在被子上画下温暖的光圈，完全没理由赖床。

山风轻起，雾气因山而显现，田里村民正弯着腰除草。踏着晨光，走上曲折交错的石板小径，天然的草木

▲三十六院民宿竹林别院小道

理想主义下的民宿

▲三十六院民宿乡间小路

48

香成了起床胃的前菜，足以唤醒一个半永久山民的味蕾，美学院的清新素食当属第一餐。

靠山吃山是山里人的仪式感。既隐于山中，那么菜品怎么会少了各种山珍美味。食材大都来源于我们自己的农耕部落，阿姨还会去山里采摘应季野菜，到竹林里挖一些甘脆的春笋。

稍稍留神，便会听到蓝书馆中织布机咿呀作响，那是村里的奶奶正在织布。这样的场景是三单乡过去的传统：男耕女织，自给自足。村民们淳朴善良，每个人都有一门拿得出手的手艺，我们希望眼下的村落靠着一双双勤劳的手，可以找回它曾经的康健与原味，留住代代传承的手艺和山水人情之间流动的爱。

林栖三十六院最了不起的，就是创造了"民宿+非遗"模式，打造出了蓝印花布、蓝染、银饰、织布等手工工坊，非遗展示馆及博物馆，再现了传统生产生活场景。这里的奶奶会织布，阿姨们聚在一起做手工，工坊师傅在蓝染里天马行空地创作，爱美的女孩还能体验银饰DIY，做一回大山里的扎染姑娘。作为东阳市蓝印花布非遗传承基地、第一批金华市市级非遗工坊，我们也定期开展自然非遗研学课程，吸引了不少亲子家庭旅居于此。他们在这里野炊露营、研学非遗项目、开展自然教育。

体验过后恰遇竹筒饭飘香，径直向竹林公社走去。一节竹子仿佛塞进了整个自然，在高温炭火慢烤下，将山野精华牢牢锁住，一口便俘获人心。

饭后回到民宿小憩，泡上一壶茶，翻阅喜欢的书籍，天气晴好时阳光穿过竹林落在书桌上，烟雨朦胧时亦可在这里慢慢消磨整个下午时光。

等到夕阳西下，到望远星空观景平台看一场落日与晚霞，一颗"蛋黄"掉入山底，农家炊烟升起，孩子被喊回家，才沿着竹林溪流缓缓向柴火大锅饭走去。月华渐起，印着点点星光的溪水流光奕奕，静谧得如同刚刚读过的小诗，令人微醺。

山里人会睡得早，也会因啤酒、烤串、电影和音乐而睡得晚。我们常常就着篝火和星光，唱一夜的歌，或聊一宿的天。白发苍苍的老夫妻讲述年少的悸动，情侣们满怀希望地描摹对未来的憧憬，幼儿园的懵懂孩童们在这里度过人生的第一个毕业季。在我们的院子里，客人形形色色，行者无数，每个人都能找到灵魂的栖息地。

当然，林栖三十六院不仅有民宿、非遗和美学，亦有这之外更好的旅游体验。你会在这里遇见地道山里人，告诉你山之四季的变幻莫测，春天哪个山谷的野花最多；夏天哪里的高山西瓜最甜，哪个山谷的萤火虫漫夜低飞；秋天什么时候可以看到连绵的稻田，红薯怎么烤最甜美；冬天围炉煮茶何等惬意，哪个溪谷的梅花又要开遍山崖……

这里藏着诗歌和故事，也藏着难忘的岁月，如果你也热爱山之四季，我会在林栖三十六院泡一壶高山云雾茶，等你。

▲三十六院民宿外的静谧时光

理想主义下的民宿

梦想中雨林里的家

享·自在客栈　悠悠

因为梦想中有"雨林",所以选择了美丽的西双版纳。这里有茂密的热带雨林,有独特的民族风情,还有风味迥异的美食,热情好客的人们。这是一片充满着神秘与魅力的土地。

而梦想中的"家",足足花了两年的时间,才得以建成,它就是西双版纳景洪市享·自在客栈。

首先,得有一个大花园。

花园里要种满各种各样的花草树木,贪心地想把广袤的雨林搬到家里来,浓缩到家里来,要让家到处都被茂密的植被所包围。一棵一棵树种下,一株一株、一丛一丛的花种下,充足的阳光和雨水,让植物们疯长。很快,花园就有了想象中热带雨林的样子。

院落里有着各式各样的吊椅,雨林回廊间四周都长满了高大茂密的热带植物,晚上还能偶遇萤火虫。鸟儿自然会来的,花儿也自然会散发芬芳,我们可以拥抱大自然,或者是让大自然拥抱我们——我们常常就这样待在院子里,喝茶、晒太阳,在花香中享受宁静和放松,后来,踏入享·自在的朋友们,也常常就这样,消磨在这里的美好时光。

享·自在的客房是由两栋别墅改造而成,共有20多个极具特色的房间,装饰则是典型的东南亚傣泰风,

▲ 西双版纳享·自在民宿院落

理想主义下的民宿

▲ 享·自在民宿客房入口

▲ 享·自在民宿公区的露天餐厅桌椅

一切植物、摆设都让人感觉是走进了热带风情园。

每一间房间都经过我们精心的设计和布置,力求为您带来最舒适、最独特的居住体验。房间的门全是实木,散发着古朴的气息,让人仿佛穿越回了过去的时光。

悠悠是一位手工艺人,她的作品充满了艺术气息和生活温度。在民宿里,您可以看到许多她亲手制作的手工艺品,它们不仅是装饰品,更是我们对生活的热爱和追求的体现。我也从各个国家带回了不少工艺品,这些来自不同国家的工艺品汇聚在这里,每一件都有着它的故事,承载着我们的回忆和情感,为我们的民宿增添了一份国际化的气息。

除了手工艺品,我们还在民宿里摆放了精致的手工石雕、木雕、刺绣等收藏品。这些收藏品都是我们在旅途中精心挑选的,每一件都有着独特的艺术价值。我们希望通过这些收藏品让您感受到不同文化的魅力,和我们一起去看看世界。

风格鲜明的艺术墙绘也是享·自在的一大特色。这些墙绘都是我们亲手绘制,每一幅画都蕴含着我们的创意和情感。我们希望通过这些墙绘,为您营造一个充满艺术氛围的居住环境,让您在欣赏美景的同时,也能感受到艺术的魅力。

享·自在不仅房间独具特色,设施也十分齐全。安静的书吧、茶吧、餐吧,为您提供了一个宁静的阅读、品茶和用餐场所。在这里,您可以挑选一本自己喜欢的书籍,泡上一杯香醇的茶,享受一段宁静的时光。我们的餐吧提供各种美食,让您在品尝美食的同时,也能感受到我们的用心和热情。

热闹的小酒吧和泳池则是年轻人的最爱。夜晚,小酒吧里灯光闪烁,音乐悠扬,人们在这里尽情地放松自己,享受着美好的夜生活。泳池里的水清澈见底,在炎热的夏日里,跳入泳池畅游一番,感受那清凉的水花带来的愉悦,是一种无比惬意的享受。

公区的露天餐厅是享·自在的一大亮点。白天,您可以在这里吃早餐,享用下午茶,感受阳光的温暖和微风的轻抚。我们的早餐很有当地特色,各种美味的小吃和水果,让您在品尝美食的同时,也能感受到西双版纳的独特风情。运气好的话,您还可以吃到我们自制的披萨,那美味一定会让您回味无穷。晚上,星星灯全部亮起,超有氛围感。在这样的环境下和朋友品酒聊天,实在是一种极致的惬意。

我们民宿提供的贴心周到服务，可以让您在这里感受到家的温暖。免费接机服务让您在抵达西双版纳的那一刻就感受到我们的热情和关怀；营养特色早餐水果和免费下午茶让您在享受美食的同时，也能感受到我们的用心和体贴；此外，免费停车位等服务还为您的出行提供了极大便利。

享·自在还是综艺节目的取景地，非常出片。许多明星都曾在这里留下过他们的足迹，如黄子韬、周冬雨、尹正等。这里也是《向往的生活》的拍摄地点，您可以在这里感受节目里的生活氛围，说不定还能偶遇明星，和他们合影，让他们签名呢。

享·自在一直以环境和服务取胜，获得了云南省旅游局评出的"五星民宿"荣誉称号。这是对我们的肯定，也是我们前进的动力。今后我们会继续努力，把民宿环境打造得更好，做一家有温度的民宿，吸引更多的朋友来体验我们七彩云南的特色民宿，感受我们热带雨林中的家，和我们一样爱上西双版纳。

如果您要来西双版纳，一定要到我们的享·自在民宿停留几天。这里是您梦想中雨林里的家，是您心灵的栖息地。在这里，您可以感受到大自然的魅力，体验慢生活的美好，找到心灵的慰藉。让我们一起在这片美丽的土地上，享受生活的美好，创造美好的回忆。

▲享·自在民宿的泳池边

▲享·自在民宿客房

理想主义下的民宿

万山行遍逢黎母，陆海之间一山房

学而山房　兰姨

在南海的碧波上，海南岛的地理中心，热带雨林国家公园的腹地，深藏着一座"学而山房"。这里本是20世纪五六十年代建成的海南黎母山林业公司子弟学校"黎母山林业公司学校"。后来，学校搬迁，留下了这幢破败的旧楼，默默守护着曾经三四百师生的欢声笑语。

现在的生活条件日渐变好，但大多数城市的孩子却失去了与自然接触的机会。黎母山是黎族人民的母亲山，归心之地。为了让孩子们能更深入地接触自然，走进自然，我们找到了这里，以"修旧如旧"理念进行改造后，饱经沧桑的它焕发新的活力。

我们尽可能保留历史记忆，在乡土人情中挖掘文化艺术，充分利用本土特色，并巧妙植入现代元素，因地制宜，实现生态和谐，呈现天人合一的东方美学。

"老旧与现代碰撞，艺术与自然融合"，坐在新空间和旧空间里，感受两种叠加的力量，和光同尘，静默欢喜。空间有美，是因其承接着来自天空、大地和这个民族的历史对人的恩赐、嘱托与祝福，这就是学而山房营造所理解的"诗意的栖居"。

古拙与现代悄然相遇，让一座崇尚乡野、敬畏自然的学而山房透过光影的缝隙，在黎母山的怀抱里绽放出桃花源的意蕴。改造后山房占地11亩，群山环绕，清泉相伴。现存的主体建筑为一栋石头砌成的三层老教学楼，一共17间房。另有多媒体公共空间（茶室），配有小型厨房、餐厅和公卫，户外空间。

山房保留了原有门窗和墙面，露出了原来的石墙，拓展了过道，增添了钢构玻璃……凡此种种，让历史就在眼前，使现代在回望中充满后劲。

学而山房叩开的不仅仅是山川河流的大门，更是复活了一座沉寂多年的校舍。

我们身居雨林，却独享干爽。热带雨林的湿度常年在90%~95%，学而山房前后都是溪流，院子里有大大小小八九个池子，但神奇的是，山房周边的空气是干爽的，床铺是干爽的，你的皮肤也是干爽的。

这里冬暖夏凉，是海南独一无二的康养胜地，空气清新，满满都是植物精油——芬多精。山房周围有很多天然的百年老松，如陆均松、鸡毛松等。更难得的是，山房四周还种了连片"加勒比松"，且因常年持续收割松油而加倍刺激了芬多精的释放，所以空气中飘浮着满满的天然精油——沐浴其间，通过肌肤吸收，体表舒适；随着空气呼入肺部进入心脏血液，可缓和心跳，降低血压，供应大脑高效运转，使人神志清爽，神经放松；可提升身体免疫力，促进肌体自愈。一呼一吸，皆是自然的恩赐。

热带雨林是世界上最大的药房。后山行走不足百米，就能遇到几十种草药，院子里树上地上有很多很多。降雨冲刷无数植物，汇聚成溪，不仅清净至极，且自带天地精华。如果用来泡茶，清甜可口，真是大自然的琼浆玉汁啊！学而山房用水皆为山泉，沐浴之后全身丝滑清爽。

卧听自然交响乐，那是丛林里的天籁之音，令人心情愉悦，可缓解焦虑与压力，还能刺激大脑释放神经递

▲海南学而山房屋顶泳池

▲海南学而山房

理想主义下的民宿

▲学而山房客房露台

▲学而山房客房内部

▲学而山房远景图

▲漫步在雨林间

质，如内啡肽，带来宁静与放松的感觉，有助于提升整体的心理健康和幸福感。

学而山房连接了自然与文化两大主题，让你有机会体味"人闲桂花落，夜静春山空"的宁静安逸，感受"山气日夕佳，飞鸟相与还"的自然妙趣。在短暂的休憩与净化之后，你一定会在长久的城市现代生活中回味这一方水土的雅趣与自然。

学而山房没有电视，但是有书、有围棋、有笔墨、有古树红茶、有自酿米酒，还有飞鸟密林与星空朋友们，让我们一起还身心以清洁，还溪流以潺潺，还群山以寂静……

正如其名"学而"二字所寓，学而山房以学为本——向古传经典学习、向往圣先贤学习、向自然山川学习，更向新时代的世界学习——学习在日新月异的当下如何做一个真正的中国人！

学而山房是人文艺术教育基地，也是科学考察研究基地，自2016年开始已组织和接待近150场省内外的周末营、冬令营、夏令营等自然艺术研学活动。

学而山房更是人文艺术生活空间。我们会不定期举办各类人文艺术活动，邀请优秀人文学者、艺术家、中医师、古琴师、茶艺师、瑜伽师进行中国传统文化及中式雅生活慢生活的讲解、示范与培训；也陆续接待了国内著名人文艺术杂志《湖上》团队、著名哲学家、诗人、雕塑家、茶人、画家、设计师及省内外著名人文空间与特色民宿团队之行。

学而山房会告诉大家走出水泥丛林时如何面对天地盈然。现代潮流迅猛而快捷，当灵魂跟不上脚步时，我们是否该抽身向后，去亲近一片水草丰茂的自然之地，放空自我？

学而山房从中国传统走来，我们期待着山水自然与当代艺术本土文化的火花碰撞。

打造完学而山房·琼中黎母山之后，我们又寻到白沙邦溪镇的南牙村，将一座废弃的旧校舍重新改造为人文艺术空间——学而山房·邦溪水院。流水在前院、后院之间循环，或汩汩泉涌，或潺潺溪流，静坐在冥想室，忘却尘间事。

我们又在三亚鹿回头风景区与凤凰岛之间的闹市，建造临海三亚学而山房·山海经，民宿面朝大海，背靠"紫气东来石"，俯仰之间山高海阔，春暖花开。人生的欢欣与酸楚、奋发与闲静、漂泊与还乡，皆有青山为你见证，碧海给你安慰。

从2017年开始，学而山房先后被CCTV-17、湖南卫视、金鹰卡通卫视、东方卫视及省内电视台《遇见海南美》《蓬岛藏影》《海南岛纪事》《海南故事》《潮起海之南·品味》等相关节目拍摄20次；获得中国十佳民宿游学基地，全国林草科普基地（部级）2021、中国民宿品牌百强榜2023、海南省民宿创建示范点、海南十大民宿、海南银宿2023、海南百家特色民宿、省级研学基地，海南自贸岛女性创业大赛民宿组第一名。

我们期待朋友们闲时择一栖心之所，读一本书、品一道茶抑或手谈一局，与三五好友闲叙、微醺共度好时光。山水海天的禅意，总会令久居城市的游人身心皆静。跟着我们一起去山房，夜里看星星，听虫鸣溪流，玩乡野课堂，谈艺术创作，让时光呀，再长一些。

让我们欢喜内心清净、回归自然，
捻一抹人间最明媚的朝阳，
于心灵陌上开一朵感恩之花，
馥郁芬芳！

▲自然山林中的山房

▲学而山房餐厅

理想主义下的民宿

好花须买，皓月须赊
三春近·隐山

三春近　梅锦斌

元代散曲家张鸣善，号顽老子，代表作《普天乐·咏世》。

洛阳花，梁园月，好花须买，皓月须赊。

花倚栏干看烂熳开，月曾把酒问团圆夜。

月有盈亏花有开谢，想人生最苦离别。

花谢了三春近也，月缺了中秋到也，

人去了何日来也？

这首小令写人生中的美好，如洛阳牡丹，如梁园月，便当"好花须买，皓月须赊"，须得能享受当下，否则，自然之物生生不息，花落会再开，月缺又重圆，然而人呢？人间一别，能否再聚、何日能聚？

当我站在广东江门鹤山南星村山林深处时，它的依山傍水、风景秀丽竟一时间让我生发出停下来的念头，

▲江门三春近·隐山民宿露天泳池

希望时光能慢一点。肆意生长的山间植物,触手可及的烂漫鲜花,春去春回,自然中的美好其实不害怕失去,它们总在那里,总会回来,并不会因我们的看与不看而改变,反倒是我们作为万物之灵的人,如果忽视了这一切,就只能遗憾。

再想到,将来朋友们来了,又走了,我难免会问一句:"人去了何日来也?"有丝缕的愁绪,更有朋友们再来的期待。所以春天来了,夏天来了,秋天来了,冬天来了,你也该来了。

"三春近"也。

于是,我把民宿命名为"三春近"。

鹤山,丘陵起伏,自然风光纯属天然,三春近就坐落在它的一个小山丘里,隐藏于当地客家村落间,拥有原生态的村落风景及清新的空气,依托当地民房改造而成,以白色为主基调,正门入口有花圃,客厅以舒适休闲风格为主,设有书吧、茶台。走出客厅休闲区,便是无边际的露天泳池,往山下望去,能看到依托山水资源打造的花园。希望朋友们来这里可以真正体验乡村的慢生活,与天地山水花草对话,每一位踏入三春近的朋友都能停下脚步,感受心灵的宁静。

在三春近的星空天幕套房,白天可以坐到超大落地窗旁看尽绝美山景,饮一杯清茶,享一刻安宁;夜晚可以打开天窗,仰望星空明月,亦可躺在床上欣赏窗外的夜景。房间内设有私人浴缸,引入井水,泡浴、赏景两不误,还能打开投影,躺在床上追剧放松。

泳池大床房和星空大床房有超大落地窗直面无边泳

理想主义下的民宿

▲三春近·隐山民宿休闲区

池，白天能在这里感受泳池与青山结合的美景，晚上星星灯照亮整个泳池，浪漫的氛围扑面而来——泡在浴缸望向窗外风景，惬意又自在。

庭院大床房能让你站在窗边看尽中庭美景，还可在房门旁的茶台边聊天边饮茶。民宿在中庭设置了定时喷雾，营造出仙气飘飘的氛围；庭院双床房置办了许多儿童玩具，榻榻米风格的设计让活动空间大大增加，适合家长带着小朋友来游玩。

每种房型都设有私人浴缸和投影，居一室之内，也不无聊。炎炎夏日，跃入清凉的无边泳池，在山林环绕中畅游，还有可爱的独角兽漂浮排供你打卡拍照。

闲来漫步在砾石花园的石子路上，看花开花落，闻花香，识花草，仿佛置身于花海之中。三春近有自己的果园和一亩菜园，能让你品尝到新鲜的应季水果和蔬菜，也可以让久居城市里的孩子们学着认水果、蔬菜。

同时，这里客家文化底蕴深厚，拥有客家黄酒、客家山歌、鹤城腐竹、鹤城花生加工工艺、客家上灯仪式、鹤城客家花炮庙会、紫丹素陶、鹤山红茶、鹤山狮艺等9项非遗项目，具有得天独厚的山水人文资源。

希望更多朋友能来这里，感受风格不同的当地生活。三春近里充满了客家元素，如以客家红茶、客家花生待客等，还通过各种装饰细节展示出当地客家文化的特色。

三春近虽不养鸟，但每天清晨总会有鸟语盈耳；无须挂画，拉开窗帘便是水光山色，打开天窗，清风与漫天星宿能伴你入睡；毋庸烦忧，推开房门，智能家居会让舒适具象化，一切琐碎全都交给小爱同学吧。在三春近你要做的，只有躺平和享受，点一杯特调的咖啡，挑一本喜欢的书，准备一个放空的脑袋，感受属于山间的宁静。一屋之内，一室之间，落地窗前，茶话春天；一起偷得浮生半日闲，体验山居的静谧。其实也不只是体验，日出日落云卷山舒，在这里，山居生活被重新定义，脑袋里有趣的灵感不期而遇，大概这就是隐山的独特乐趣。

在这里，你可以像和家人聊天那样分享所见所想，三人成群，同台共食，人与人的沟通变得容易而顺畅。

春光明媚时，阳光抚平阴霾，心与心逐渐贴近，关于春天的点滴浪漫都隐于尘世的角落。春日的午后，山间温润的清风吹进游人的美梦。春日不迟，相逢会有时，"若似月轮终皎洁，不辞冰雪为卿热"。

炎热的夏日里，这里也没有拥挤的人群，你可以不被任何人打扰，安静地住在云朵里、住在水乡里、住在大自然里，望着湛蓝的天空，慵懒到极致！

花谢有重开日，月缺有再圆时，三春近和朋友们的相聚是短暂的，但我们时刻期待着重逢。

春日不迟，相逢会有时，
让自然回到你家，
让你回到自然。

▲三春近·隐山民宿用餐区

▲三春近·隐山民宿露营区

去重庆的后花园——南山的放牛村，开启一段寻"牛"之旅

魔名奇妙花园 程永霞

我为啥来放牛村？为啥来放牛村做民宿？因为总有点莫名其妙的故事和莫名其妙的缘分在。

所以，民宿就叫"魔名奇妙花园"。

没错，这里人说"莫名其妙"的"莫"，读成二声，就成了"魔名奇妙"。

最莫名其妙的，也许是民宿和花馍的缘分。

花馍，是传统的民间面食艺术，承载着中华民族的千年记忆与情感。它的历史源远流长，早在汉代便初露端倪。那个时候，人们在重大节日和祭祀活动中，以面粉为材，精心制作出各种形状的面食，以此表达对神灵和祖先的虔诚敬意，祈求风调雨顺、五谷丰登。

岁月流转，花馍的制作技艺经过唐的发展，宋的精进，到明清两代已在民间广泛流传，深入百姓的日常生活。它不仅用于祭祀和庆祝，还常常作为礼品相互赠送，传递着人们之间最真挚的祝福与情谊。每逢春节，寓意吉祥如意的花馍便纷纷登场，为节日增添喜庆氛围；婚礼上，象征婚姻美满的花馍更是承载着新人对幸福生活的憧憬；孩子满月、老人寿辰等重要时刻，也都有相应主题的花馍亮相，记录人生中的美好瞬间。

魔名奇妙花园民宿，莫名其妙地和花馍、面塑结缘，莫名其妙地把花馍做成了民宿的独特文化标识。

如果你来到魔名奇妙花园民宿，首先映入眼帘的便是那精心摆放于餐桌上的花馍。它们或成群结队，或独自绽放，组成一幅幅生动的画卷。这些花馍色泽诱人，造型千姿百态，摆放层叠错落，散发着浓郁的乡土气息。

除了餐桌上的展示，还有现场烤制的主题花馍下午茶，在温馨的客房里，床头柜上摆放着小巧精致的花馍摆件；在宽敞的客厅中，壁炉旁摆放着一组以重庆山水为灵感的花馍作品，山峦起伏，江水蜿蜒，让人仿佛置身于山水之间，感受着大自然的鬼斧神工。这些花馍，因纯手工制作的特质，所以每一个都独一无二，成为民宿中最为独特的亮点，你来的话肯定移不开眼睛。

我还莫名其妙地为花馍和面塑打造了一个浪漫的"博物馆"。从和面到揉面，从上色到捏制，从包装到展示，每一个环节都被呈现出来，你可以在这里全方位地了解花馍的制作过程。

陈列的物品还有各种各样制作花馍的工具，从古老的石磨到现代的电动搅拌机，从简单的剪刀到精致的模具，它们见证了花馍技艺的发展与变迁。

花馍博物馆里最精彩的肯定要算不同年代的花馍作品，从古朴的祭祀用品到精美的现代礼品，从传统的民俗造型到创意十足的现代设计，这就是一部生动的花馍史书，花馍文化"博大精深"说起来比较官方，但一定有趣就是了。

那么好看有趣的花馍，眼睛学会了，是不是就想自己上手试试看呢？

在魔名奇妙花园民宿，你真的可以亲身体验做花馍。这里有专门的手作空间，摆放着各种制作花馍的原材料

魔名奇妙花园

▲重庆魔名奇妙花园民宿

和工具，有老师指导，从和面开始，用剪刀、梳子等工具，在面团上刻画图案。第一次做，难免手法生疏，但看着那逐渐成形的花馍，心中是不是也有满满的成就感。你可以尝试制作传统的花馍造型，如寓意吉祥的鱼、象征团圆的月饼等，也可以发挥自己的创意，制作出独一无二的花馍作品。

对于孩子们来说，这里更是一个充满乐趣的天堂。一边好奇地张望着大人们的手艺，不时地伸手摸一摸那些五颜六色的面团，一边也在大人的帮助下，尝试着制作自己的花馍。当孩子们亲手制作的花馍出炉时，你肯定能看到他们满心的欢喜与满足，这足以成为他们童年里一段珍贵的回忆。

如果仅仅是这样，我觉得还不够莫名其妙。所以，我还邀请了当地的艺术家和手艺人——在南山，有很多。我们定期举办花馍创意工作坊，大家可以尽情发挥自己的想象力，将现代元素与传统花馍制作相结合，创造出独一无二的花馍作品。他们还将花馍与现代装饰艺术相结合，制作出了各种精美的花馍装饰品。有的将花馍制作成挂件，悬挂在民宿的走廊、庭院中，随风轻轻摇曳；有的将花馍镶嵌在画框中，制为一幅幅独特的面塑画，装点起民宿的墙壁。

这满屋满院的花馍，无疑还有一个作用，就是让大家开始想家。对于许多人来说，小时候在乡村的老屋里，看着长辈们忙碌地制作花馍，那满屋子的面香，那灵动的双手在面团上舞动，是难以忘怀的画面。而在这里，这种回忆被重新唤醒。大家在参与花馍制作活动的过程中，仿佛回到了那段纯真的岁月，回到了那个充满爱与温暖的家乡。

▲魔名奇妙花园民宿手作空间

▲魔名奇妙花园民宿休闲空间

同时，花馍在民宿中也展现出无限的浪漫。花馍已经和各种定制宴会相结合，如生日、寿宴、乔迁、婚宴、高端团建等。在生日宴上，一个精美的花馍蛋糕，寓意着长寿与幸福，为寿星送上最真挚的祝福；在婚宴上，一对象征爱情的花馍，代表着新人对美好婚姻的向往与承诺，为婚礼增添了一份浪漫与庄重。这些花馍，不仅是一种美食，更是一种情感的寄托，承载着人们对生活的热爱与向往，让每一个重要时刻都充满了浪漫与温馨。

我们还精心为花馍和面塑制作了各种定制的手办，这些手办以山城重庆的本土文化为灵感，融合了福禄寿喜财等传统元素，制作成了18类礼品，如过节礼、见面礼、迎生礼、满月礼、周岁礼、升学礼、迎新礼、谢师礼、合作礼、订婚礼、结婚礼、银婚礼、金婚礼、钻石婚礼、中秋礼、乔迁礼、拜年礼、感恩礼等。这些手办不仅具有实用价值，更是一种文化的传承与表达，希望你在带走一份美好回忆的同时，也将重庆的传统文化带向远方。

花馍在岁月的长河中沉淀着智慧与情感，它见证了一代又一代人的生活变迁，传递着家族的温暖和民族的精神。在魔名奇妙花园民宿里，花馍的沉淀体现得更加深刻。它与民宿的宁静氛围相得益彰，让人们在忙碌的现代生活中找到了一处心灵的栖息地。

民宿与花馍的结合，是传统与现代的碰撞，是文化与生活的交融。在这里，花馍不仅仅是一种美食，更是一种文化符号，一种情感的寄托，为民宿增添了独特的魅力。让我们在魔名奇妙花园民宿的怀抱中，品味花馍的魅力，传承古老的文化，创造美好的回忆。

▲ 魔名奇妙花园民宿手作区

理想主义下的民宿

▲ 大理云里小坐·花音南洋海景酒店（双廊店）

我们等风来，等你来

大理云里小坐·花音南洋海景酒店　Lily

　　大理的美，是可以切身感受的美。这里，阳光充足，温度适宜，年平均气温 16.4℃，冬不冷、夏不热，"天气常如二三月，花枝不断四时春"。这里，空气清新，犹如在氧吧中生活。

　　在大理，天是蓝的，山是绿的，水是清的。这里有清爽的心情、清凉的天气、清新的日子，吸引来了度假的游客，也吸引来了不同地域、不同文化背景的移居客来这里生活。

　　洱海东岸有一个大理古渔村双廊，它坐东面西，背靠山脉，前观洱海，可远望苍山 19 峰的壮观自然风光。也许是因为这里冬天的阳光太充沛，所以这里天空高远，万事万物轮廓清朗，可以看太阳照耀下的青山，斑驳的树影，花朵的盛开，一切事物在阳光下都光影闪烁，能驱散许多的忧愁和烦恼，于是，我们就留下来，有了云里小坐·花音南洋海景民宿。

　　你到了大理双廊镇，很容易就能看到古戏台。古戏台的对面，有一条保存完好的村落窄巷子，也是双廊古镇里最长的一条直通海边的巷道，被当地村民称为"通海巷"。

　　走过长长的巷子，迎接你的是一棵在充裕光照下长大的曼陀罗，海浪拍打岸边的"哗——哗——"声不紧不慢、有节奏地在你耳边响起。

　　说来也怪，如果是高速路上的汽车声响，或者是城市里街道上的声响，貌似和海浪拍岸声的分贝差不多，但会让人烦躁，而这缓缓的拍岸声，却会让人安静下来。

　　一栋 3 层的小楼，就这样出现在你面前。

　　到家了，一切就交给我们吧。无论你的行李箱有几个，有多重，上几楼，在门外迎接的管家都会为您安排

▲ 大理云里小坐·花音南洋海景酒店海景房

妥当，你跟着我们就好。大门入口两侧种满了鲜花，微风携着植被清香扑鼻而来，希望这样浪漫的小场景能为你开启一段温馨愉悦的度假时光。

走过临海花园，先到一楼的全日制咖啡餐饮接待厅坐坐。这里的通透性极好，联排的四个大开间都有外挑阳台，每一组的透明落地玻璃窗里都被装置成度假旅行的浪漫空间。两张孤椅是给恋人讲悄悄话的，一张惬意的度假秋千能给你留下幸福的记忆点，一张烛光下的晚餐桌像打开了浪漫相处的方式。无论选择坐在哪里，都能倍感舒适与美好。

如果是一个人来，也可以在咖啡餐厅与主理人一起喝喝茶、聊聊天。别看我们是新大理人，但对在地民族文化特色也如数家珍，我们能给你讲古渔村的风土人情，当地有哪些必打卡的特色美食，这里的民族节日有多震撼，苍山洱海不同季节的美，洱海的夏天多么凉快，冬天沐浴阳光是多么幸福的体验；夜晚的双廊有主街道灯光灿烂的夜市，也有小道上浪漫慵懒的小调；昏暗的路灯旁，零零散散地有小桌子、小板凳，有五花八门的异域洋酒，还有来自五湖四海的陌生人因为缘分在此相遇，诉说着各自有趣的前半生……

你唯一需要当心的是，别被这个古渔村吸引，因太过留恋而留下来。

"花音南洋"这一名字来自客房的南洋装饰风格。二层与三层都是海景房，面积 68 到 80 平方米不等，舒适度极高，采取双阳台落地窗格局，最大限度地保证通风透气，硬件设施设备采取满足便捷性、功能性使用的配置，使用的是南洋风格中具有代表性的木材、藤条、竹子、石材等天然材质，以营造舒适度场景、个性化视

▲ 大理云里小坐·花音南洋海景酒店的东南亚料理餐厅

觉和强辨识度空间为宗旨,而软装铺陈则强调装饰用色和谐、意境细节把控等。

民宿的四楼预留着绝佳的视野景观:清晨在风轻云淡中开餐,中午看着风起云涌品酸辣鱼,下午喝着咖啡静观风云变幻,入暮体会夕阳辉映中的浪漫,夜晚在万丈星空下饮酒作乐——可观享每一个时辰里不同的天色。无论是一杯咖啡,还是一本有生命意义的书,或是太阳伞下的静躺,都是打开温暖与幸福的正确方式。

"南洋"之名的另一重含义就是在花音南洋足不出户就可以体验到东南亚的美食。我们特别推出异国风情的东南亚料理餐,从下午茶到正餐都配置最棒的体验场景,提供舒适度极强的家具,引入无敌苍山洱海之景色。在这里,傍晚可听海浪拍岸的声音,天色暗下、带点星光时点上一组烛光,伴着海岛风情音乐与爱的人共进晚餐,谈谈过去的美好与未来的期盼,嘴角洋溢的微笑全是满满幸福感。那时你可能会想,很久没有共进晚餐了,这一餐饭激活了彼此真实的内心。生活可能需要很多这样的写照才能证明用心生活和爱是可以抚平生活艰难的,我们平凡的生活偶尔也需要用仪式感包装才能显得更加走心。

我们的民宿里有一只特别特别可爱的布偶猫,叫"豆皮",它也是我们店的"店宠",同时也是民宿客人的道具猫。凭借品相、样貌、姿态、聪明,它绝对算得上我们双廊镇"高富美"级别的极品猫,或许因为我们民宿工作人员平时比较忙很少时间去撸它,所以它特别渴望来来往往的住店朋友伸出援手抱抱它、撸它,跟它一起玩耍。

豆皮是我们每一位工作人员的代表,在大理的阳光下,我们都和善、阳光、开朗。

我们常常自省,我们民宿打造的并不是一间客房,而是一段快乐时光,我们提供的不仅是一张床,更多是打开快乐时光的度假体验。我们会把每天吸收来的阳光能量用快乐的服务方式传递给每一位住店的朋友,感染是我们最棒的精神力量,每一位住店客人的赞美与表扬都给了我们满满的信心。

我们在花音南洋等你。

▲ 酒店餐厅的观景落地窗

理想主义下的民宿

退却繁华，
享受宁静的疗愈

大理云墅海景度假酒店　火刚

心随海风流浪，
影共苍山寻觅月的方向，
海鸥剪破寂静，
斜阳随水荡。
云影天光，
人爱上懒洋洋。
退隐半山，
拥有更自由的梦中国邦。
暂时遗忘人世繁忙，
听见风在唱。

当初是想要在洱海边盖一个房子的。现在，其实有点庆幸在各种机缘巧合下，我退了一步。这一退，退到了小半山，看似远离，却拥有了更多——清晨柔软而温暖的阳光从苍山顶上缓缓移向洱海；午后树下有清凉的风；傍晚时金色的斜光穿过千层浪，山海云月入"云镜"。

因为是在半山，所以来云墅的朋友，需要先走一小段山路。当看到一栋映着蓝天白云的全玻璃透明建筑时，就到了。站在这里，可以回首俯瞰洱海的辽阔，苍山的苍茫也如此亲近地映入眼帘。一时小小的疲累，都已被风吹散。

云墅的设计师八旬说，一般的民宿设计师都容易强调建筑的景观设计，或者强调建筑的生活舒适和便捷，因此也就很容易忽略民宿设计中让人可以安静和思索的精神向度。其实，我们可以等一等我们的精神，当建筑的舒适性和精神性产生不可调和的矛盾时，可以牺牲一些生活上的舒适性，去满足精神上的需求。

比如，走过一段山路，到达云墅。

暂时性地牺牲一些舒适性可以让我们更好地感受自然和阳光，就好像爬过一段艰难的山路到达风光无限的山峰一样，这是旅途中感悟生活的一部分。如果为了舒适而放弃对这些自然感受的坚持，那么，民宿的特性就不存在了。也许我们选择民宿作为短暂的栖身之所，而不是五星级酒店，有时目的就在于此！

云墅声名在外的是屋顶的云镜。"云镜"是一个270度镜面海景天台，得益于地处大理双廊半山之上的屋顶，它的四周再无遮挡，山海和变幻的云影天光无遮无掩地映入云镜，置身其中，已然分不清现实和梦境。

来云墅的朋友们总是迫不及待地进入云镜。也许一开始的想法是拍一张同样震撼所有人的照片，但往往会被这突如其来的奇观直击心灵，或者此时无念无想，或者头脑里已经匆匆回顾来时路，开始自问这一切的意义，未来是出尘，还是更入世，是去找所珍视的东西，还是放下执着。有人会遗憾总是抓不住云镜最美的一刻，有人更满足于脑海里留下的强烈印象，仅仅把照片视为来过的纪念罢了。

放下行李，先让身体松弛一下，把自己扔到床上，享受享受云墅对你身体的宠爱：金可儿品牌的床垫，和五星级酒店喜来登同品同款床上用品，会让你的身体如同被云朵托举，体验睡在云端的感受。随着安静下来的空气，终于可以暂时远离城市的喧嚣，放下工作的疲累，拍去旅途的风尘。

我们希望来云墅的朋友，都能带上那份悠然的心境，

大理云墅海景度假酒店

▲大理云墅海景度假酒店的海景天台

理想主义下的民宿

▲大理云墅海景度假酒店的观景区

▲大理云墅海景度假酒店的庭院

慢慢生活。不用急，山会一直在，海也会一直在，先休息好，让身体和心恢复能量，慢慢向这片山海打开。

接下来，让我们仔细感受一下云墅。

你触手可及的家具，可以分为两类，一类是利用香格里拉的老木头，远赴英国请家具大师威廉制作而成，展现了独特的手工艺和对自然的尊重；还有一类是老上海 art Deco 风格的家具，是我们亲自去上海挑选和定制的，这些家具不仅美观，也承载着历史和文化的记忆。

墙上的摄影及绘画作品，皆为原作或限量复刻版，主题都和在地文化关涉，展出作品的艺术家包括杨延康、王刚等，这些作品不仅美化了云墅的空间，也为客人提供了艺术的享受和灵感的启发。

更值得一提的是，你行走间听到的音乐，都是云墅在音乐圈里的音乐人的原创作品，它们为云墅营造出了独特的氛围，希望来云墅的朋友在享受自然美景的同时，也能体会到音乐的魅力。

书在云墅不是装饰品，我们请大理著名的艺术家和文学家推荐书单，并据此采购，这些书籍不仅丰富了云墅的文化内涵，也为来此的朋友提供了知识和智慧的滋养。

除此之外，庭院里有白色鹅卵石、五颜六色的花、清浅的水面，大厅的沙发、长桌、壁炉，格局简约却不单调，阳光透过窗帘的缝隙洒在温暖的木地板上，留下斑驳的光影，能让人去感受时光的变化。无论是在露台上享受美酒和美食，还是在大堂里听着大理的本土民谣，静静读一本好书，或是在洱海边与西伯利亚的小精灵们来个亲密接触，云墅都为您提供了丰富

▲大理云墅海景度假酒店的夜色

▲大理云墅海景度假酒店的庭院夜景

▲大理云墅海景度假酒店的庭院客房

▲大理云墅海景度假酒店的海景

的选择。

在这里,您可以从晨露初生待到满天星斗,看日出日落,看云卷云舒,处处都是日常,但处处又是诗意。

早上醒来,可以到院子里的椅子上坐坐。这里很安静,只有风吹过树叶的声音。当太阳升到最高处时,光线正好洒在院子里,你可以感受到阳光透过树叶,透过屋顶照进屋内。

下午是最慵懒的时光。坐在宽敞明亮的客厅里,望着窗外的洱海与苍山,感受山海无遮无掩映入眼帘的壮阔,仿佛整个世界都浓缩到了眼前,一种久违的宁静与平和从心底油然而生。

每当夜幕降临,洱海的波光与远山的轮廓相互映衬,构成了一幅宁静而深邃的画卷。此刻,一杯清茶,一本书,或是一段轻柔的音乐,都能让我们的心灵得到无限的放松和满足。这种感觉是如此的真实而深刻,仿佛让我们重新找回了那份久违的初心与纯真。

在这里,每天都可以看到这样不同的景象,我们可以放下所有的疲惫与压力,让心灵得到真正的释放与滋养,有时候真的觉得非常幸运能生活在这样一个地方。

云墅就是一个心灵避难所,这里足够大、足够宽敞、足够舒适、足够舒服和足够放松。这里就像是一个小小的天堂,可以让我们暂时逃离自己的现实生活环境,去寻找内心真正渴望和向往的东西。

在云墅的日子里,我们仿佛找到了一个属于自己的小小乌托邦,可以退却繁华,享受宁静的疗愈。它是我们在忙碌与喧嚣的生活中找到的一个可以安放灵魂的港湾。在这里,我们可以尽情地享受生活的美好与宁静,让心灵得到真正的滋养与慰藉。

理想主义下的民宿

▲ 丽江·墅家玉庐

得闲云南，有幸遇见！

丽江·墅家玉庐　华贤红

在喧嚣的城市里，生活被局限在三点一线间，节奏越来越快，我们总是忍不住想到大自然去，看高山旷野、起伏的草甸、古老的村落，过上几天惬意的时光，去寻找回内心的平静。

再一次故地重游，我们来到丽江·墅家玉庐。这回我们不再匆忙，不再走马观花式赶路，而是闲下来静下来，在地化地感受云南的生活。

清晨的阳光透过原木窗格缝隙，洒下一缕缕金丝。拉开厚重的窗帘眺望远方，此刻万丈金光从天而降照射在雪山之巅，整个雪山犹如身披金色缕衣的仙女。睡到自然醒，遇见日照金山这样的景观，实属难得，也为这次重逢增添了几许惊喜。

从冰川石垒筑的别墅走出，在满园葱郁的庭院中舒展筋骨，呼吸雪山下自然的气息，让风带走莫名的思绪。来到早餐厅，迎面是纳西阿姐们质朴的微笑，看着满桌当地的多样美食，一下就感受到了他们的贴心，如在家一般温暖。

初秋的丽江，雨季快要结束了，我们正好赶上末班车可以徒步去山中采菌子。在云南有一种情怀叫"采菌子"，采多采少无所谓，只为体会生活的乐趣。

云南的雨季是馈赠，雨后山中会有精灵乍现。在管家的带领下，我们穿梭丛林，寻觅自然馈赠的珍馐美味，如不起眼的鸡枞菌、牛肝菌、松茸等，或是那五彩缤纷的红伞伞白杆杆。

大家在这 3.5 公里两个多小时的轻徒步中，采摘了满满一篮子的杂菌，尽管不能食用，但是那五颜六色的菌子看了就让人心生欢喜，晒个朋友圈也充满成就感。

此刻觉得这样寻常的乐趣何尝不是认真生活的态度，也许这就是生活本该有的样子，只不过对于久居大城市中忙于工作的人来说，可望而不可即罢了。

午后管家带着我们前往当地的纳西人家，一路皆是石头，石头路、石头墙、石头房子……这座玉龙雪山脚下的石头村落，别具特色，让人不禁心生向往。

石头垒砌，屋顶瓦猫，瓦屋鳞鳞，檐下鲤鱼，精雕木门……眼前这座恢宏气派的典型纳西族建筑民居，便是和叔的家。别看这房子外表古朴，内里却着实别有洞天，是一方精美的院落。

纳西小院内种满了各式各样的花草，还有整整齐齐的篱笆小菜园。院落中间画着特有的图腾，旁边摆放着传统石磨，此次家访体验的项目之一会用到它。

和叔人称"土司活佛"，满面笑容，性格温和，与他相处不过半天，我们就被他的渊博学识所深深折服，他算得上当地"行走的百科全书"。让人惊讶的是，他祖辈曾与历史上美籍奥地利探险家洛克有渊源，家里更是一个小型的纳西博物馆。

在和叔的陪同下，我们一起体验了古老的手磨豆花，围着篝火边煮豆浆边听和叔讲述纳西族的过往，还学习制作不腐不朽的东巴造纸，书写东巴文字，观赏那些充满岁月温度的老物件……

我们太喜欢这种形式的家访了，没有拘束，更像是过年回老家，与家人闲话家常。纳西家访着实是一项在地化体验纳西人文的活动，一种有趣又舒适的体验。

家访结束后，我们在村子里闲逛，听到马蹄踏在石头上的嘎达嘎达声和铃铛的声音，迎面不时走来几匹驮着客人的马，由当地的纳西阿姐牵着，在村落里闲逛。村子变化挺大的，成了景区，变得干净而有秩序，多了许多精致的铺子和特色小吃店。还好那家特别有个性的书店"去你的书吧"仍在，免费的公益性书店给村里孩子和大人提供了闲时阅读的乐趣，也让路过的客人得到一丝闲适。

理想主义下的民宿

葱绿的山野和连绵的草甸上，骏马在奔驰，牛羊在吃草，波光粼粼的水面上倒映着玉龙雪山绝美的英姿，此时的龙女湖像是世外仙境一般，交织出一幅美丽的画卷。这个时节也是闲游龙女湖的最佳时间，雪山开始积雪，草甸开始枯黄，湖水开始退却……

山川湖海是自由的，它总有一种魔力让人心安，让人向往，也让我们在追寻中找到踏实的安定感。

回到墅家，小孩们随着管家去倒腾 DIY 手工，我们则在茶室静坐品茗，聆听古筝悠扬的旋律，谈天说地。当提到我们重游故地的原因，大家给出了统一的答案。

每一个旅行的人，其最终的目的就是在自然之间感知生活，找到属于自己的时间和空间，在得闲中获取继续好好生活的动力。

纳西阿孃们穿着传统披星戴月的纳西服饰，在熊熊的篝火旁跳舞，热情洋溢的舞步带走了那烦人的思绪。仰望繁星点缀的夜空，这一刻，那一秒，都独属于我们。

葡萄牙诗人佩索阿有诗云："有时我听到风吹的声音，我觉得仅仅听听风吹也是值得出生的。"

当我们在繁重的工作生活中迷失方向时，就想想佩索阿的这句话，去有风的地方吹吹风，看看那些古朴别致的存在，做一些平常而有趣的事情，或许你也能找到内心的平静与舒适。可以按照自己喜欢的样子生活，做自己热爱的事情，回归生活的原点。

这段旅行终将结束，但美好的体验却深入人心。得闲去云南走走吧！也许你也会有幸遇见更好的自我。

▲民宿附近的山野草甸

▲民宿附近的古道

丽江·墅家玉庐

▲民宿的外景

理想主义下的民宿

▲ 香格里拉·墅家嗡嘛措民宿附近的蓝天和草甸

一切吉祥美好的起源之地

香格里拉·墅家嗡嘛措　李丽琪

盛夏7月，穿过一片广袤的田野和油菜花地，你的眼前是黄灿灿的色彩。继续往前走，就来到了纳帕海边上，这里是滇西北最大的春季牧场，夏天是波光荡漾的湖泊和草原，到了秋冬则变成候鸟纷至沓来的湿地。

一直往前，路过木屋草甸，不时遇到牵着牦牛的藏民，他们有着热情的笑容，不久一个隐秘恬静的藏族小村落就出现了。

这里是生我养我的贡宾村，我的家就在这里。

整个庄园由一栋主楼和数栋红、黄、白相间的别墅组成，在我们藏民看来，黄色代表所在的土地，红色代表火塘的火焰，而白色则代表纯洁的心灵，表达了我们虔诚的敬意。每天清晨7点，松香会从矗立在庄园主楼门口的三个白色香炉里依次升起，那也是我们对天地、父母、宾客的诚挚祝愿。我还在这里倾尽十余年心血，打造了一个心中最崇敬亦是最想向来人展示的藏文化馆，这里有璀璨的藏族木雕艺术、千百年前流传下来的劳作用具，还有我们心中最神圣的火塘等。

小管家江才和拉姆又没有把门关好，几头牦牛和绵羊又进到院子里溜达，我只好连哄带骗地把它们送出去。其实在这片土地上，它们才是主人，我们都是这里的过客，在这里分享天空、湖泊、草原……

江才和拉姆刚把远道而来的客人迎进去，客人们脖子上的纯白色哈达轻轻摆动，仿佛能给人洗去一路风

理想主义下的民宿

▲ 香格里拉·墅家嘣嘛措民宿的内景

尘。来往藏地的人多了，为远方来的客人献上哈达成为大家所熟知的，我们藏族迎接远方来客最尊贵的礼仪，这也是我们为来的朋友准备的见面礼，一句"扎西德勒"，代表的是"朋友啊，欢迎你来到我的家，祝福你万事吉祥！"

早年间，大家来香格里拉，首先会被这里神奇的山川吸引，还有就是或宏伟，或神圣的圣地和寺庙，却将我们藏族人真实的生活浮皮潦草地掠过，但藏文化绝不仅仅只有这些宏伟的东西，我们藏族人和这片土地世世代代相处，生活中有着我们的智慧，有着我们的信仰，我希望人们可以了解它们，体验它们。所以我就想到把大家邀请到家里来，和我们一起品尝食物，一起跳锅庄舞。应该说和我想的一样，当远方的客人来到我们的家里后，真的是更加喜欢香格里拉了，旅途也更加快乐，回忆也多了温情和感动。

就因为这么一个小小的念想，来的朋友越来越多，贡宾村小小的老家变成了一个大大的家，然后又变成了现在的香格里拉·墅家嘣嘛措藏式度假庄园。但不管怎么变，我都坚持要保留"藏民家访"这个内容，不管大小，它始终是我的家。

我们的第一个招待内容是藏式下午茶，有牦牛奶酪、牦牛奶布丁、藏香猪肉……配上鲜香甜润酥油奶茶，先放松一下，后面有藏服试穿和妆造等着大家呢。

来到我们家，你还可以体验一回当藏族人的感觉，江才和拉姆会带你去挑一件合身的藏服，做一点妆造，骑上马，从庄园出发，穿过村落，在马儿叮叮当当的铃声中一路漫游到纳帕海草原上，和牛羊一起在湖泊边散步，在草原上自由自在地奔跑，十分快活。

暮色至，回到家，我正式邀请大家享用一场地道的香格里拉牦牛欢迎晚宴，觥筹交错间，让你感受感受我们藏地似火的热情。

我小时家里穷、兄妹多，12岁便辍学务农，所以解决吃的问题一直是我思考的头等大事。但是这片土地融入我血脉中的还有千年的藏地文明，它时时在我心中搅动不安，所以我开始收集这些如宝石般散落在藏民生活中的文化，从藏族的饮食、歌舞开始，到宗教、建筑、医药等，当家里东西越积越多的时候，我就建起了一个藏地博物馆，里面有各种年代和用途的藏族金银用具，

▲ 香格里拉·墅家嗡嘛措民宿外的浮雕和镂空雕

▲ 民宿房间的内部构造

代表着藏族工匠精湛技艺的浮雕镂空雕，藏族老阿妈手工编织的名贵地毯，等等。

让江才和拉姆带你们去看看，讲讲这些物品的故事。是的，我们香格里拉也有令人惊叹的东西，这些也都是我的骄傲。

入夜气温骤降，火塘的火苗越发旺了，我们围坐四周，听听古老神秘的藏族传说，或者去帮忙打酥油茶、捏糌粑，自己亲手做出来的藏地美食，是不是更香？当然，你还可以期待嗡嘛措主厨手工制作的藏式早餐。

每当你从嗡嘛措的客房醒来，就能透过窗户看见雪山，嗡嘛措主厨已经准备好了地道的藏式早餐，有青稞面、酥油茶、藏式油条、牛肉包子……雪山叫醒的是眼睛，而美食才能叫醒我们的身体。吃饱喝足，才有体力和精神继续接下来的行程。

嗡嘛措庄园有3个值得你去走走看看的地方。

第一是香格里拉高山植物园，它是世界上海拔最高的植物园，亦有俯瞰纳帕海全景的绝佳位置。从嗡嘛措庄园步行十余分钟便可以抵达。一眼望去，草原上的牛羊星星点点，湖泊闪烁着晶莹的光芒。而且高原上的云总是动得飞快，云的影子会忽地笼罩住某块大地，被遮住的，没被遮住的，明暗相接，交错闪耀，像是自然界奇妙的光影舞曲。

第二是贡比村的制高点。从庄园左拐直走，沿着一条隐秘的小路上坡，走到顶就是了。这里房屋与田野相依，缭绕的烟雾会在晨曦未明时升起，村里藏民们哼着小曲，赶着成群的牛羊出门。而且这里也是一个露营的好去处，有的客人不想住房间，可以来这里露营，四面八方吹来的高原清风，总会让人心旷神怡。

第三是贡比村里的马场。那是一大片无边无际浓绿的草甸，成群的马儿在这里吃草漫步，发呆看云。在晴朗的好天气里，备上野餐布和零食，就可以载歌载舞，享受一场无与伦比的草原野餐会。

这些就是我把这个家叫"嗡嘛措"原因。

"嗡嘛措"，藏语直译为"奶子湖"，但它还有更深的含义："嗡"是藏地僧人祈福诵经的第一声，"嘛"意为母亲，即生命、万物的起源，"措"是藏地对湖泊的简称。

嗡嘛措，便是"湖泊旁，一切吉祥美好起源之地"。

▲怒江·墅家吾乡民宿的全景

一个村落就是一家民宿

怒江·墅家吾乡　李丽琪

　　中国西南最神秘最原始之地，怒江无疑名列其中。

　　怒江地处云南的极西边境，沿着地球褶皱横断山脉分布，无数神奇山川、无数峡谷波涛、无数原始森林及无数古老的民族往事深藏其中，光是一张图，就可以让灵魂为之向往。

　　而这一次，我们的脚步终于抵达了这片神奇土地，抵达了怒江碧罗雪山脚下一片比秘境更隐秘的土地，一扇开启举世闻名的"三江并流"的门，一处真正拥有田园牧歌生活的隐世乌托邦——怒江兰坪。

　　沿着古代滇南的盐茶古道，从丽江一路驱车前往民宿所在，不过百余公里，却有着独属于怒江峡谷地带的林间云雾相随，一直通向此行的目的地。

　　一个由墨绿的青山和连绵的田野孕育的古老村落，世居着神秘而古老的普米族，他们以木为瓦，逐牧场而居，日子随着山风一样悠长散去。

　　人们给村落起了一个诗意而动听的名字——罗古箐，怒江·墅家吾乡便隐于此处。

　　我们取名的灵感来自东坡先生那一句"此心安处是吾乡"，吾乡吾乡，是多么柔软而又触及人内心深处的字眼啊！

　　而更会让你觉得神奇的是墅家吾乡的运营模式。

　　我们与当地政府进行了合作，在这个拥有隐世风光的普米族村落里，选择出13户人家，用一年多的时间将每户人家中的一两栋厢房改造成民宿套房，保留下古老的木楞房建筑，并将墅家一直坚持的度假品质融入其中，其余村民原有的生活区域不变。

　　所以，我们喜欢用这句话来形容墅家吾乡——一个村落就是一家民宿，客房就散落在当地普米人家的木楞小院里。

　　而你可能不会相信，我们介绍房间的方式会多么地

▲ 怒江·墅家吾乡民宿的庭院

▲ 怒江·墅家吾乡民宿小屋特写

有趣！

这一家视角很好，窗外是错落田野和连绵山川；

这一家在村落最高处，门口有棵百年的板栗树；

这一家的菜园子很大，种有一片黄灿灿的油菜花；

这一家喜欢老古董，收藏着上个世纪的缝纫机；

……

我们喜欢墅家吾乡的每一道门和每一扇窗，总觉得你也会喜欢吧，毕竟，它们如相机镜头记录着这片土地的风景。

清晨山鸟鸣叫，阳光照在田野，苞谷地里闪着金色的光芒，村民正赶着马儿从窗前走过，到村后的草甸去放牧。

在木楞小院里，主人栽满了葡萄，盛夏将尽的时候摘来酿酒，在一个山风徐徐的夜晚举杯共饮。

院落没入整片山林绿意之中，窗户对着两棵四百余年的古核桃树，果实结满了枝丫，再远处，草甸和牛羊依稀可见，闲坐对谈，山中一日，人间一年。

户外咖啡厅面向山野，大片大片扑面而来的山林绿意将你紧紧包裹，似乎伸手就能抓住这片绿，世外的纷扰自此隔绝。

来此是度假，更是回到记忆深处的美好故乡来生活，这是一场独一无二的探访。

来这里的客人，最喜欢的体验，大概是和我们的普米族管家一起去徒步了吧。

墅家吾乡背后，是一条怒江极为小众但风景却极为惊艳的徒步路线——罗古箐大羊场徒步穿越线。我们都很喜欢这条 24 公里长的穿越线，路上，会经过连绵起伏的草甸牧场，如星点般散落的牛羊正在悠闲吃草，背景是一望无际的林海。

我们还会穿越"世界自然遗产三江并流"的核心山脉——老君山，幽深的原始森林中，拔地而起的冷杉与天对视，奇珍异草、飞禽走兽、壮丽的雪山和高山丹霞，无尽无数。

而在整个徒步过程中，除了鸟叫和溪流的声音，再无其他，当足迹没入深林，内心每一刻都无限平静。树木生长、倒塌，与溪流相依相伴，蕨类扎根岩石，开出花的形状。我们与自然共鸣，在徒步中观照内心。

尤其是每年五六月花季时，紫色、粉色、红色的高山杜鹃花漫山遍野开得热烈，一片片花海是大自然的艺术之作。不少徒步过这条线路的客人早早就约好，花开的时候要再回来走一遍。

当然，以徒步为主题，安全是重中之重，我们为参与徒步的客人配备了徒步管家，他们是这片山野里土生土长的普米小伙，在熟悉线路、地形的基础上，也接受过专业知识的培训，会随身携带对讲机、急救包、户外生存包等必备用具。

徒步以外的活动也会让客人十分惊喜。

我们会带着客人穿上普米族的传统服饰，慢悠悠地在村落里溜达，选个出片的机位咔嚓一张；暮色西沉的时候，和店里的普米姑娘小伙们，围着篝火欢快地打跳，村里的小孩子们最喜欢这个环节了，每每都要来热情参与；骑上ATV越野车去草甸公路上驰骋，吹吹自由的风，时间充足还会一起在开满野花的山坡上露营，牛羊会走到你身边，吃你手上的草……

第一位入住怒江墅家吾乡的住客，是墅家的老友，她拍摄了许多所住院落的图片，并这样分享她的入住感受："这里真的让我一个久处城市的人有了归隐田园的冲动，尤其是跟着管家们去山中徒步，森林溪水，绿意盎然，让人内心平静，尤其是这个古朴善良的小村庄，真真切切散发着家的温暖，感恩遇见。"

久居樊笼里，复得返自然。能给客人留下这样的治愈回忆，我们感到很开心。

不过，最后的最后，在我们心中，比风景和体验更可贵的，是"人"与"人"的相遇。

听村里老伯说，生活在罗古箐的是传说中白狼后裔的普米族人，他们信仰万物有灵，供奉神山神树，看树决定播种玉米的时间，在节庆时聚到草甸上载歌载舞。

在没有现代技术的隐世之地，他们就这样依靠自然的秩序，缓慢却踏实地过着每一天的生活，一直到现在。

我们的管家们，便是这个村庄里土生土长的普米族人，他们是这片旷世山谷与来者之间最有温度的连接。毕竟，唯有身处吾乡的人，方可将最拙朴、最直击人心的感情传递出来呀！

▲民宿附近徒步路线沿途中的美景

▲民宿附近的咖啡馆

▲民宿外的美景

理想主义下的民宿

田野上的一首诗

大隐栖都　心柔

▲大隐栖都外的小径露营场地

　　浙江温州，有江名瓯，经过温州市区时江面宽阔，江中有一座被碧水环绕的岛屿，它便是七都岛。七都岛面积广阔，三面环山，形如一枚树叶，静静地躺在瓯江的怀抱之中。

　　七都岛以其独特的地理位置和丰富的自然资源，成为瓯江中的绿色明珠，是城市中的一片宁静之地。

　　从沈海高速G15七都西下主路，突然就没有了喧嚣拥挤的人影，阳光无遮无挡地舒展着，照在江面上，照在完全是另一种生活节奏的小岛上。这种生活气息，吸引了很多知性的美好生活践行者来到七都，知名作家、画家、摄影家、漫画家、院士、非遗传人、电影导演等，或许为了一隅宁静的休憩空间；或许为了在大自然中寻找灵感。同样的，他们身上的不羁艺术气息，也糅在了这片温柔的土地上。环岛彩道、文化驿站、露营大草坪、露天夜市、民宿、咖啡店、文创小店……不羁又和谐地隐于村子中。

　　在这众多的文创空间中，大隐栖都民宿像这片田野上的诗，悠然自得。

　　经过吟州绿道，林立的香樟伸得很远很远，一眼望不到尽头。河水倒映着隔岸的别墅院落，阡陌纵横中，小桥流水相伴，连片的田野里种满了水稻，一眼望去郁郁葱葱，一派闲适恬然的田园风光。

　　绿道东头，见大榕树，从右边入村，随即便能看到大隐栖都，一栋四层的别墅式建筑，四周稻田、柿

▲民宿的特色茶水糕点

子树环绕，以木为栏，以町步石为路，花草满园。民宿前后两个院子，一个有农田，一个有水塘。

民宿仅有5间客房，都可见窗外的如画风景。室内宽敞明亮，布置用心、简约、干净、精致。楼梯、地板、柜子、床等均为实木材质。柔和温暖的氛围，雅致清幽的气息，让人置身其中，心情突然就变得平静。临窗设有茶台和榻榻米，沏一壶好茶，就着窗外一片浓绿，可享受悠然自得的休闲时光。

餐厅简洁，桌椅古朴，窗外有大片绿草地，附近的百亩花海，常常美得让人忘记了桌上的美食。

但真不该忽略的，偏偏正是大隐美食。这里有用七都渔船捕捞的瓯江刀鱼，或者是新鲜捕捞的海鲈鱼做的地道原生态味道，还有上过《舌尖上的美食》节目的水鱼，用油炸一下，便是下酒的好菜。现在很多朋友都没见过、吃过海鲫鱼吧，瓯江里就有，还有梭子蟹、小白虾。

除了这些特色食材，小美厨也能做出排骨、南瓜等多种美味菜肴，风味独特，浓郁扑鼻。央视《味道》栏目指定的生态锅，在这里能让你品尝到最原汁原味的生态餐：一锅沸水即可把鱼变成最原味的美味，同时鱼汤还可烧西蓝花，煮饺子，不仅能锁住营养还没有半点腥味，还有亚麻油松露炒鸡蛋，香气迷人……再来点咸菜或者萝卜，美景和美食皆可得。

柿子树环绕小院，每年秋天是民宿最美的季节，闲坐小院静看，红红的柿子高挂蓝天下，美好得让人忘记时光的流逝，画眉时不时来叽叽喳喳，院内围炉煮茶，听琴听诗，岁月静好。屋外是最原始的田野，屋内是用心努力的美好生活方式。

小院后方开辟了一个现实版的开心农场，根据季节和个人的不同喜好种着不同的植物，其间有空可自己来耕种，也可带上小朋友，体验种植蔬菜的过程，感悟生命的成长，切身感受农家生活的乐趣。哪怕没有亲手种菜，也可在附近的田园逛逛，走走町步石，看两旁绿色草原围绕，望不远处几头牛低头啃草；在

▲民宿小院里的活动场地

太阳落山时采摘蔬果，感受采菊东篱的悠然自得；在蓝天的映衬下，看着鸟儿自由穿梭在白云之间。

停留下来，好好歇息一晚，再享七都岛的清晨。

一觉醒来推开窗，走出房门，对着这片如画般的农田风光，心情除了美好之外，别无其他了吧。站在院落向外望去，湛蓝的天空下，水波粼粼河塘相连，蝴蝶翩翩起舞，远山如黛，点点白色点缀田间，水云之间明净、清朗。忽然，有白鹭起飞，一只，两只……忽而成群，如精灵般，在田间穿梭飞舞，忽而闲庭信步，与劳作的农人嬉戏。

清晨的田园格外迷人，处处是美景。没了拥挤、烦躁和喧嚣，乡野小路一片安静，斑驳的阳光在眼前缓缓移动。

在周边闲逛，自行车是正确的打开方式。伴着鸟儿一路的欢唱声向快乐出发，骑骑走走，停停拍拍，迎面扑来的清风里满是野花的香味，不由自主的深呼吸能让你倍感清爽和舒适。

被瓯江环绕的七都岛，曾因地势低洼，缺少堤塘护卫，在以往的台风中吃尽苦头。每次台风来袭，对于七都岛的岛民们来说，就意味着"离岛转移"。

现在，全长14.8公里的七都环岛防洪堤塘已建成，在抵御百年一遇瓯江洪潮的同时，也将防洪、景观、交通等功能融合了进来。在七都岛的全程堤塘环岛景观绿道上，可看海，可吹风，可观山，可望城。站在堤坝上，眼前这片堤塘潮水起伏，江风吹拂，波光粼粼的江面上几只白鹭展翅盘旋。干枯的芦苇荡和已停航废弃的古渡口，仿佛诉说着海外华侨的乡愁记忆。

隔海望去，依稀可见对岸电厂船只，它们随着起伏的江水摇曳摆动。微风中，温州大桥如同一道彩虹横跨瓯江之上，气势依旧雄伟。桥下江面船来船往与桥上车来车往，构成独特的景观。

大隐隐于岛，小隐隐于市，忘却城市快节奏压力，放慢步履，潜心居住，感受清净幽远的田园，品味绿色生态的美食，体验闲逸宁静的慢生活，就在大隐栖都。

▲民宿外的花墙

▲民宿窗外的美景

理想主义下的民宿

▲ 郑州新密羲涢庭院

与自然为邻，享受慢生活

羲涢庭院　吴界

《挪威的森林》里有这样一句话，"每个人都有属于自己的一片森林，也许我们从来不曾去过，但它一直在那里，总会在那里。"

或许也可以这样说：每个人心目中都有一个向往的生活，也许你还没有走到，但它一直在那里，总会在那里，等你。

羲涢庭院背靠大山，这里山谷悠远，僻静而安宁。独自站在山坳里，四周无任何建筑遮挡，就像站在一座遗世独立的小岛上。民宿透着温暖的灯光，静静享受大自然的馈赠，为久经喧嚣的人们提供独特的安宁。

羲涢庭院的前身是当地人自建的一幢三层小楼，位于半山之上。这本没什么奇特的地方，只不过当初修建的时候，不知道是不是因为工具简陋，无法把一处横穿延伸至房间内的山脊挖掉，原房主人干脆就任其留在那里，只是将裸露的石头用水泥简单涂抹修饰了事。后来，羲涢庭院改造的时候也依然保留了这块侵入房间的岩石。是的，在羲涢庭院，你可以和山很近，很贴近。

如果这还不足够奇特的话，那么我再带你看看原本紧挨着院门的一间不起眼的小平房。这里别有洞天——就是字面上的意思，因为小平房遮住了一个溶洞，它是原房主太爷爷那辈的人在原有溶洞的基础上一点一点开凿扩挖出来的，很有一种富家藏宝或者未雨绸缪的避世大计划。

我们在这些基础设施上，深挖稀缺性场地潜力，发扬其独特性、唯一性，最大化地利用环境优势，做到了让民宿所有房间任意朝面都能看到风景。同时，为照顾

▲羲滉庭院正门

人们被城市宠坏的身体，以及既向往原生态的环境，又离不开现代舒适设施的心理，我们的客房着重关注细节，确保每一处都简洁而现代。干湿分离、私密性设计、景观浴缸、高端小众的洗护系列，体贴地满足了客人对品质生活的需求。

一层主楼建筑上方增加了长长的格栅屋檐，一直贯通到餐厅连廊，它既可遮风挡雨，又方便人们徜徉在自然的微风之中。拿个蒲团坐在这里，发呆，读书，聊天，看光影在墙面、地上攀爬嬉戏，山里的风吹过门廊，让人倍感轻松。

起心动念栖身民宿，追求的一定是精神的放松。考虑到带娃出行的父母局，羲滉庭院特意预留了儿童娱乐区，为父母们提供偷得浮生半日闲的空间条件，让他们有余力做回年少无忧的自己，同时也满足了孩子们天真烂漫、贪玩爱耍的天性。民宿外的儿童泳池，绝对是孩子们的天堂。

坐落于山边的观景餐厅，质朴干净，用框景的方式取出连绵的画面，打开全部的折叠门，既能感受山风的轻抚，还能直面如画山岩，感受时光流淌过的印记，触摸历史的肌理。

地道的农家菜，可口抚胃又暖心，每一口都鲜美无比。美食和风景作伴，时光也变得缓慢。或许你喜欢无尽的山野连绵，放眼便是青绿，抑或是流水潺潺，银露溅洒，于夕阳中折射出斑斓的光，这里都能满足你。约三五好友围坐闲谈，说说现在聊聊未来，共享一份甜点，衬着夕阳，再多的负担再多的焦虑，都会随着这或甜或

理想主义下的民宿

▲羲溟庭院餐厅包间

苦的下午茶深藏于心中的某个角落。

还有那被山体横穿的一部分室内空间，是最具特色的餐厅包间，让人们在品尝美食时还能感受原生态风土乡情，体验靠山而食、依山而居的生活方式。

在繁华都市的喧嚣与忙碌中待久了，人们总会渴望寻找一片宁静的港湾，让疲惫的心灵得到片刻的休憩，想躲进避世的山野，品茶、喝酒、发呆。那么，羲㳚庭院右边的小酒吧——洞穴酒吧，将是你满意的选择。对，这就是前面提到原房主祖辈们利用天然溶洞再挖出来的洞穴，这个尘封已久的空间，已经被打造成年轻人的神仙洞。

进入嶙峋的洞穴，外界的烈日与忧愁似乎便与你无关，颇有点世外桃源的意味。陡峭的崖壁上泛着淡淡的紫光，顶部的悬吊似星空，迷离又奇幻。在此畅饮几杯，可真切感受大自然的鬼斧神工。天然的溶洞酒吧，这世上能有几处呢？

真实的山野，与来自山体渗透出的水汽，让灯光也显得熠熠生辉。这一刻，粗糙质朴和精致现代在一个空间中重叠交错。在这里吃饭，最是安心，有"靠山"在，还有什么好怕的呢？

生活不止有忙碌，所以，放慢脚步，来感受一下快节奏下的慢时光。昏暗的灯光、舒适的环境、动人的旋律、一杯有故事的特调鸡尾酒，从外形到口感，都满足了我们对夏日特调鸡尾酒的需求，浓淡相宜的果味搭配微冲的酒精，一大口喝下去，从内到外都清冽。

羲㳚庭院三楼的私宴会客厅，让多人的休闲也变得格外精致。这里私密性极高，又是观赏山景的绝佳位置。在这里可以为挚友举办一场生日聚会，为恋人制定一场浪漫的求婚，为团队准备一场不一样的茶话会……

生活于城市之中，难免感慨，秘境难寻，草木稀疏。大隐于市，深居简出，怕也只有一方庭院能增色红尘岁月，让人回归平淡生活。来羲㳚庭院吧，清早，伴着山谷的微风，晨曦初现，薄雾弥漫，太阳染红云海，宛如置身人间仙境。窗外更是一幅随风摇曳的画卷，山间的绿意从窗外蔓延至窗内。窗外是碧草青山，山林间鸟鸣不断，绿山墙爬满植被，空气中弥漫着清新甜美的味道。

伏羲山风景独特，建筑与环境之间的平衡不可忽视。艺术、自然、文化，都有治愈和启发的力量。穿越城市的重重藩篱，在这里建筑、室内空间，与天空、大地、自然重新建立了连接。

在自然的沐浴中拥抱美景，心灵也能享受安宁，那是悠远的时光留下的沉积，游鱼花香，鸟语蝉鸣，秋实果香，萧瑟侘寂，四季四时之美，气象万千。在这里，浮生若梦。愿我们哪怕身处尘埃，心中依然拥有山川湖海，在山野中漫步，在庭院里起舞，感受山风自来的田园慢生活。

▲民宿私宴会客厅

▲民宿客房窗外美景

▲民宿客房

▲民宿房间内的会客厅

理想主义下的民宿

▲ 有风吹来奢宿入口

有风吹来

有风吹来奢宿　王鹏

　　太行，曾被古人感慨为"北上太行山，艰哉何巍巍"的雄伟之地，如今已旧貌换新颜。太行一号国家风景道如一条灵动的丝带，串联起城市与乡村的旖旎风景，将那有着"太行小江南"美誉的山西晋城陵川县马圪当乡横水村带到了世人眼前。

　　横水村，坐落在白陉古道和今太行一号旅游线的交会处，是去往水乡武家湾的必经之路。周边景点密布，高山、峡谷、溪流、湖泊、古陉、古寺，世间多元美景在此交融。村子里早年间的陵川信用社空置，房屋自带时间的痕迹，经改造修缮，便有了有风吹来民宿。

　　有风吹来的建筑材质以木材和灰瓦为主，既不失成熟与稳重，又散发着自然的质朴与温暖。主入口加盖的双翼出挑廊，外形犹如两扇羽翼，既是引导入口，又是休憩雨廊。闲坐在此，偶尔能听到淳朴的乡音，那是三两村民从门前经过时在聊天，最是解乡愁。

　　院内，水乡的水被引入，增添了几分灵气。前厅接待区功能齐全，服务大厅、休闲书吧、布草间、厨房、餐厅等一应俱全。

　　庭院客房区的房间因地制宜，布置有独立阳台。标准间温馨舒适，套房典雅大气，山景房则能将美景尽收眼底。

　　回廊将客房连接起来，经过分割改建成私享阳台，为客房增加了水景平台。在这里，隔断的回廊适当拉长了客人入住的行走路线，更便于沉淀心境，增加客人对入住民宿的期许。

　　休闲娱乐区布置有 KTV 房、户外平台等设施。西侧增加的平台，使客人的活动范围更具舒展性。加出来的面积作为公共区域的户外露台和帐篷露营地，在这里可以直面山景。

　　清晨，当你在鸟鸣声中醒来，一打开窗，就能看到粼粼的水面泛着柔和的晨光，就能感受晨间的负氧离子带来的清新感。晨练之后精神饱满地来到庭院餐厅，品尝民宿主人精心烹制的饭菜，既抚胃又暖心。

　　夜晚，四周格外宁静而美好。可以漫步在横水河畔，

▲有风吹来奢宿庭院回廊

仿佛时间都变慢了。又或者寻着音乐的调子来到后院露台，品尝烧烤，把酒仰望星空，在这个夜晚把自己放空。露台脚下的花海营地上可以露营，星光、帐篷、花香足以慰风尘。

夜深人静，窗外是碧草青山，山间有蛙鸣蟋蟀叫，庭院的鱼池反射出绰约的星光，房间内调控自如的灯光自在贴心，洁白的墙壁如森林般静谧，原木色的家具透出温暖的气息，淡雅跳色的织品又为素淡空间带来一丝阳光的气息，仿佛借宿在自然之中，枕着山林入眠。

在有风吹来，我遇见了许多温暖的故事。

刚入住时，我看到一位中年人细心地搀扶着视力不好的老父亲上楼。他一路解说石阶的高起、宽窄和其间的缝隙，将老父亲扶到房间，又扶到阳台晒太阳，还叮嘱老人不能乱走。那一整天，这位人到中年，已经做了别人父亲的儿子，都陪伴在老人身边。第二天，除了安排一个年轻人留守，他们团队的其他人都去爬山了。院子里很安静，我看到老人时，他已站在了石阶路的中央，又向中心厅迈出两三步后停下，凝视前方。我跟他打招呼，他笑着说："我眼睛不好，看不清，但我觉得这是个好地方！"那一刻，我被老人的乐观所感动。

看着那山看着这水，会让人忍不住把它们留下来，把它们都画下来。于是，乔在群里发起了写生沙龙的号召，一呼百应。大家在美丽的民宿里，在这山水之间，尽情地挥洒着画笔，描绘心中的美好。此刻，世界突然安静下来，我们无比怀念那个车马邮件都慢的时代，那时我们可以不计时间慢慢长大，允许自己慢半拍。

民宿后院有一辆白色中巴车，是从报废车厂买回来的。老厂长让工人师傅小心翼翼地拆除发动机和轮胎，

▲民宿后庭露台

▲民宿后庭露台桌面布置

再装到大卡车上，并在底部和四周都垫了防擦碰的布和硬纸，一路小心翼翼地运回来。我们一群人都是《三体》迷，于是将它喷漆，装上两只大花瓶做外星接收器，起名"未来公交车"。后来，有客人说它像龙猫，也很好，不填满适当留白，让来客自由发挥想象力。

又一次，一位上海老伯独立前来，累了不想出去吃饭，让我们吃什么就给他多做一份就行。对于这样没要求的餐，我反而能超常发挥，他边吃边笑着说："这就是我想吃的。"还曾经有一位风尘仆仆的大叔，头发长胡子也长，入住后就在自己的阳台上喝茶，沉浸在自己的世界里。我试图与他聊天，未能成功。但在朋友圈里，我看到了他的精彩生活，潜水、赛车和摄影……他就是独行侠，总是独自旅行。

还有一位女士，在一个小雨天独自出现在前台。她上次和老公来住过标间，这次想一个人住单间。但民宿没有单间，只有套房和山景大床房，价格要高一些。我建议她住标间，但她进入房间后却一直没有出来过。第二天，我陪她吃早餐，还为她准备了加量的早餐，让她带着路上吃。她离开后，我收到一条信息，让我后悔不已。原来，她的丈夫一周前去世了，她一个人出发，想继续完成他们未完成的旅行。我后悔，应该让她住单间的，单间的床很大，风景也很好。

2023年，有风吹来民宿荣获"陵川县首批四星级太行人家"；11月，荣登中国民宿品牌百强榜。它不仅是一个住宿之地，更是一个心灵的港湾，一个充满故事和温暖的所在。在这里，我们可以感受到大自然的美丽与宁静，也可以感受到乡村振兴带来的希望与活力。有风吹来，让我们的心安放于这片美丽的太行山水。

▲民宿后院

▲民宿标间

理想主义下的民宿

拾溪梦桃源

拾溪民宿　王莉

拾溪民宿

▲ 宜昌拾溪民宿全景图

▲民宿茶空间

　　在武陵山区，缘溪行，就能找到桃花源。

　　这里群山林立，一湾接着一湾，湾湾都有小溪流。溪流拐弯处大多有一泓深潭。白鹭湾、关岔湾、武夷湾涓涓溪流，结伴流到关岔口时，已是水量丰沛的拾溪。溪水欢快，跌宕，清亮。临溪有人家，有湾潭河和关岔湾的习习凉风，吹出一个天朗地清的清凉世界。

　　小时候，我就在这个清凉世界摸爬打滚，一切都那么自然而然，并没有觉得山里清苦，也没有觉得这里就是世外桃源，长大后还一心想往外跑。2015 年我在宜昌开了一家餐饮店，叫"大妞当家"，来来往往认识了不少朋友，大家知道我是拾溪人，所以到了酷热难耐的夏天，就约起要来我家玩。想着不能轻慢客人，我就把旧房子进行了一番改造，朋友们一来啊，都夸赞这边空气好，凉爽，特别适合避暑、休闲、康养。

　　我居然在别人的眼中才发现了我的幸福，我能出生和生活在这里，就像桃花源里的人们，可能都没有觉得自己生活的地方有多美好，而需要一双外来的眼睛来发现。朋友们的建议开启了我重新发现拾溪的征程。

　　拾溪的水，从层峦叠嶂的重山中来，清明澄澈。纵使是炎热的八月，溪水也冰冰凉凉。你看，从城市里来的朋友们，有一家老少齐出动的，有呼朋唤友几个家庭结伴同行的，到了拾溪，再也不怕盛夏的烈日了，如同卸下缠绕在身上的烦热。拾溪水还带了清凉的风，让人突然胃口大开，这个时候一顿土家宴最是解馋：土家特色的抬格子，土家人用来招待贵客的腊猪蹄，手工制作的玉米饼、土豆饼，刚从地里摘来的应季蔬菜，山里挖回土豆……大人小孩都吃得不亦乐乎。

　　才出得樊笼，复得清凉处，身体都自然想要休息，伴着溪水声，逐渐在哗啦啦的声响中，安静下来，轻松起来。

　　一场充足的午睡让人精气神完全恢复。估计小朋友们会更早地按捺不住，要到溪边去玩耍。可是谁又能忍得住不去如此清凉的溪水嬉戏呢？于是不知道是小孩子无意的玩笑，还是大人故意的戏弄，水花开始飞溅，笑声开始四散。或者安静地把脚泡在水里，对不小心飞溅过来的泼水也不生气，脸上也会露出一样的笑容。

▲民宿客房

拾溪的水，也会从莽莽林海中穿过，清甜可口。整个小村庄的人们都饮用的是这股山泉水。喝一口，凉津津，甜津津。好山好水就有好茶，五峰是中国名茶之乡，所产茶为绿茶，以产地得名"五峰茶"，有"人间珍品处处有，最难忘却五峰茶"的说法。拾溪的水，泡五峰的茶，清香扑鼻，回味无限甘甜。从小在这样的环境中长大，我对茶有着极深的喜爱，也因此进入了茶的世界。

为了配上这好水好茶，我会定期去陶瓷之乡景德镇，挑选一些美丽的坛坛罐罐和一些精致的茶具，特别布置了一个茶空间，无论是独自一人小憩，还是和三五朋友细品，或者十数人的迎宾和茶会都十分惬意。晶莹剔透的茶汤在茶碗茶杯之间流转，合着淙淙溪水声，茶香馥郁，是醉，也是宁神。

来到山里的拾溪，我最喜欢带大家去感受的活动就是"寻访桃花源"。当然，这就是一个和溪水亲密接触的游戏。我们准备了土家服装，让朋友们变身土家少年郎和姑娘，撑着竹排，划着桨，高歌一首"妹妹要过河，哪个来推我嘛？"溯溪或者顺流，找寻属于自己的桃花源秘境。待兴尽归家，路过桃园，如果是七八月，树上挂满了金黄的桃子，就能提着小竹篓，摘下满满一箩筐，满载而归。四五个人围坐在观景廊的长桌，吃着刚摘回来的黄桃，静待夕阳的到来。

待到太阳没了踪影，天色渐渐朦胧，微风带来了丝丝清凉。餐厅门前的空地上，两个小长桌拼起了一张大长桌，拾溪的家人们已经把烤了一下午的猪排、土鸡、羊摆上了桌，配以水果、蔬菜、饮料，一场土家族的篝火晚会将正式拉开序幕。大家品着美食，喝着小酒，吃饱喝足围着篝火载歌载舞。

溪水声渐渐替换了人们的欢声笑语，继而顺着轻言细语，淌入梦中。四周越发清凉寂静，这个时候的拾溪是大自然的，是夜虫飞鸟的，是那些被溪水滋养的林木野草的。

城里喘不过来气就到拾溪小住几日，赠自己一段时空，修复身心。短暂的避世时光，可隐于桃林花海，隐于童年记忆，听鸟叫蝉鸣，听松涛阵阵，看晚霞与炊烟交织，看一轮明月在山间升起，梦一乡桃源。

理想主义下的民宿

心灵的归处，
梦想的栖息地

瑶华圃·隐溪民宿　陈国军

　　瑶华圃·隐溪民宿坐落在广州从化区良口镇良新村牛眠社这个宁静的村落里，毗邻流溪河，仿佛一处隐世桃园。这里绿树成荫，竹丛雅立，环境静逸，空气清新。因唐代诗人孟浩然的《过故人庄》"开轩面场圃，把酒话桑麻"的诗意，得名瑶华圃，体现的却是现代人对乡村诗意栖居地美好生活的向往。

　　这里没有奢华的装饰，只有最自然、最朴实的元素，白墙青瓦，爬藤绿树，不过每个房间都被精心布置，温馨舒适而富有个性。房间里配备了高品质的家具和设施，让你在享受乡村宁静的同时，也能感受到尊贵与舒适。风、梦、隐、月、闲等不同风格的房间，每一间都有独

▲广州从化瑶华圃·隐溪民宿庭院

特的魅力。免费的 Wi-Fi、24 小时热水、美味的早餐,可让你的住宿更加方便和舒适。

一夜好眠之后,清晨的第一缕阳光洒在大地上,鸟儿欢快地歌唱,远处的山峦在云雾中若隐若现,宛如一幅美丽的山水画卷。你肯定会迫不及待地想要出门走走,从民宿走几步路就可以到达溪边,溪水清澈碧绿,波光粼粼。沿着林间小道散步,听着鸟儿的歌唱,呼吸着新鲜的空气,感受大自然的美好。

民宿有丰富的体验活动,有泡池、院子烧烤区域、半开放式餐吧空间等可以选择。在泡池中,你可以放松身心,享受热水的浸泡,感受大自然的抚慰。院子烧烤区域是亲朋好友聚会的好去处,大家围坐在一起,烤着美味的食物,分享着生活中的点点滴滴,欢声笑语回荡在夜空中。半开放式餐吧空间则提供了各种美食和饮品,让你在享受美食的同时,还能欣赏到迷人的自然景色。

溪边还有我们的营地,天幕桌椅、绳索吊床一应俱全。你可以在这里玩乐、烧烤、派对、煮茶和发呆,让思绪优游,心境松弛又舒服。

而最令人兴奋的是,我们的民宿还拥有自己的葡萄采摘园——瑶华圃葡萄园。葡萄园占地一百亩,这里远离城市空气污染,阳光充足,降雨量丰富。通过引进国内外先进种植技术,聘请国内专业的农艺技师,我们种

理想主义下的民宿

▲民宿住房区布局

▲民宿高品质的家具与设施

植了4个葡萄优选品种，分别是香印青提、黑玫瑰、蓝宝石、浪漫红颜。特别是日本香印青提，它是水果界的爱马仕，青提中的佼佼者，果味集清香、果香、花香于一身。全年有两季即夏季的6月至9月，秋冬季的10月至次年3月，共10个月都可采摘，随时让你体验到有趣好吃的采摘体验。

所有入住瑶华圃民宿的客人都可免费获得一张价值38元入门券及免费试吃体验。手拿篮子，和家人、朋友一起去采摘新鲜的葡萄，不仅能享受到美食的味道，还能亲近大自然，多么美妙！在采摘园里，你可以亲手摘下一串串饱满的葡萄，品尝甜蜜的果实，感受丰收的喜悦。孩子们在葡萄架下奔跑嬉戏，大人们则露出幸福的笑容，这一刻，时间仿佛静止，只剩下满满的幸福和温暖。

在隐溪民宿，你不仅可以享受宁静的乡村生活，还可以体验到丰富多彩的民俗文化。赶圩是一项传统民俗，也是当地居民重要的经济来源之一。良口镇的圩日是逢1和6举行，也就是每个月1日、6日、11日、16日及21日和26日。

赶圩的日子，是这座小镇最热闹的时候。圩市离隐溪很近，在赶圩的日子，到处都能看见各种农家摊位，陈列着各种各样的商品，是一道道绚丽多彩的风景线。

在圩市上，你可以买到新鲜的蔬菜水果，鲜花绿植，各种肉类和海鲜，还有许多当地特色的、让人垂涎欲滴的传统小吃和特产。这里有各种各样的本地特产和风土民情等待着你来探索。在小摊位上，你可以与当地人聊天，了解本地民间故事和传说，与他们建立联系并拓展社交网络。赶圩又是一个进行摄影创作的合适之地，并且你可以搜寻你想要的东西。

去圩市感受淳朴的风情，体验本土的生活方式和风俗，购买赏心悦目的手工艺品和独特的土特产美食，这一切都是赶圩的独特魅力。

赶圩作为传统文化的一个组成部分，它不仅为当地人带来生活的喜悦，也带给游客尽情探索的激情和新的体验。这个活动不仅仅是关于商业和身份的问题，更是关于民俗文化、生命、人性和联系的问题。所以，如果你还没有赶圩的经历，那么不要犹豫，来住民宿的时候，千万要抓住机会去探索这个独特的市场，一定会有意外惊喜。

繁华都市，幻彩百变，时常让人觉得仿佛迷失其中。我们虽然能够体验到五光十色的生活，但同时也容易感到迷茫和焦虑。这个时候，如果能深入村庄，远离城市的喧嚣与压力，回归简单的美好，就可以不再被繁忙都市生活中的琐碎事物所困扰。我们可以放慢节奏，在山水村落之间，呼吸新鲜的空气，看树影婆娑，养心静之旅，过诗意生活，回归到最简单、最真实的生活状态，感受自然抚慰心灵的舒适，找回内心的宁静。

在隐溪民宿的日子里，你可以尽情地放松身心，承受阳光的温暖，和风的轻抚，感受大自然的亲切与美好。

让我们与大自然建立更深切的联系，也让我们更加珍惜和敬畏大自然。

理想主义下的民宿

海岛天气晴，
云上做个梦

石头会唱歌·云上海景民宿 冉光霞

在海岛生活的第8年，我们每天醒来睁眼后的第一件事就是拉开窗帘看天。

对于靠大自然和天气营生的海岛民宿，我们的客人每天咨询最多的问题就是："老板，这两天岛上天气怎么样？海蓝吗？游客多吗？"我们每天都要无数次地回答相同的问题：海岛天气晴，海水保蓝。

说来也怪，过去的那两年，虽然雨天总是来得很多，断断续续地停留许久，但总能在6月开始还海岛一片蔚蓝，天气好了，游客也是络绎不绝。

8年前的我们一定想不到，曾经海滨路旁无人问津的留守村会变成今天这般光景，昔日的寂静，被这小小村落的灯火通明打破，焕发生机。

8年前，我们从台湾来到这个岛上，机缘巧合走进了福州市平潭北港村。那时候环岛路还正在建设，北港村像是一颗被遗落在海边的彩色鹅卵石，寂静地守在那里。村里只有年迈的老人和留守的小孩，但他们都很热情，虽然说着听不懂的当地语言，但还是热情地招呼我

石头会唱歌·云上海景民宿

▲平潭北港海岛风光

们进屋聊天，煮上一碗热腾腾的海鲜面，这份淳朴的温暖让我们产生了想要留在这个村子里的念头。

平潭岛全年都会刮大风，为了抵御一年两百多天的大风，岛上的房子都是用石头建起来的四四方方的"小碉堡"，且依山傍海，整整齐齐，错落有致。各种颜色的石头厝，光是立在那里，就是一道让你挪不开眼的风景线。或许是因为建筑本身的美，或许是感动于阿嬷的一碗海鲜面，我们决定租下一些闲置的石头厝，将它们改造成咖啡厅和民宿。

石头的房子改造起来没有普通房子那么容易，整条整块的花岗岩不管是拆除或者做造型都十分困难。我们基本保留了石头厝原本的外观风貌，只是针对原有破损的地方进行修补刮白铺砖。建筑是文化呈现的载体，通过去村里淘来一些村民不要的老物件、旧窗框、漂流木，结合之前在台湾地区做民宿的经验，把两岸的文化通过设计融入建筑改造中，把民宿与文创结合，让石头厝既保留了海岛本土的味道，又带有几分特色的创意，让北港的房子成为认识平潭文化的载体。北港村的第一家民宿和咖啡馆由此产生。

改造房子容易，但我们的初衷是让更多人看到北港村的美，怎么讲好村子的故事，吸引更多人到来是一个头疼的问题。

刚来北港时，村里的老人跟我们说，北港村后面的君山上有一大片光秃秃的石头林，当地人称为石锣石鼓。它们可以发出类似鼓锣的声音，每一块石头都有自己独特的声音，在平潭大风吹动下会发出好听的声响，这让我们产生了上山寻找"会唱歌的石头"的好奇心；见识了这片石锣石鼓后我们突发奇想：是不是可以寻找出不同音色的石头，就像钢琴键一样，通过敲击不同音阶的石头成歌，让石锣石鼓变成一种天然的乐器，变成"会唱歌的石头"。

在村干部的协助下，我们果然找到了带有"do re mi fa so la xi"不同音阶的石头，并请台湾专业的音乐老师教会我们石头打击乐。2016年，海边村落的一曲石头打击乐《望春风》让"石头会唱歌聚落"亮相北港。2017年，石头会唱歌打击乐团还代表平潭国际旅游岛登上当年的华人华侨春晚，表演视频还一举跃上了纽约时代广场。此后，北港的石头还亮相《爸爸去哪儿》及《天天向上》等多个综艺，许多人都到北港来寻找"会唱歌的石头"，这让原本默默无闻的空心村迎来了旅游商机。除了吸引游客及本地村民的回归，这几年间，两岸的很多音乐人、手工艺人、艺术家也踏上这座小岛，纷纷走进这个美丽的村落。

平潭北港石头会唱歌·云上海景民宿是我们北港村

▲平潭石头会唱歌民宿外景

▲民宿正面造型

▲民宿客房

民宿的 3.0 版本了，相对于小独栋 1.0 的石厝人家民宿和 2.0 的新中式古风民宿，它的房间体量更大，民宿风格也跟之前有所不同，将海岛特色与现代时下元素结合，从原始自然开始走向精品，这也是我们在北港跟本村返乡青年合作的第一家民宿。

云上海景民宿的前身是一所废弃闲置的小学，随着城市化的发展，村里的小孩大多随着爸爸妈妈去了县城读书，村里不再需要学校，因此就闲置了。小学的位置很好，位于村中心、码头正对面的半坡上，视野辽阔，直面大海。因为是学校的缘故，相对一般的石头厝，单体独栋十几间的体量更适合做民宿。

在民宿风格方面，正面房间我们保留了海景优势，将原有窗户全部改成大的落地窗，房间整体是新中式风格，原木色的家具简单大气，飘窗外展做了一个榻榻米茶台，客人可以坐在这里泡茶看海，有种宾至如归的感觉。后侧房间可远眺君山，每个房间外层打造了一个独立的大阳台，融入一些法式山野风，暖色调的房间氛围加上布艺沙发、可爱摆件挂画等的装饰，多了几分俏皮。如果说新中式带来的是私密卧室般的归属，那法式山野带来的就是小众客厅的舒适自由。民宿一共 18 间客房，每一间设计都不重样。

"坐起高台上，恍若白云间。"高台上的庭院是客人驻留最多的地方，无边际的水池搭配云朵状的桌椅，茅草编织的遮阳伞在海风的拂动下宛若一支悠扬的安神曲，躺在这里，发发呆，看看海，恍惚间打个盹儿好似去白云间环游了一遍，忘却了所有烦恼。风景看够了再到餐厅点上一份海岛菜，借着海风轻拂，借着落日晚霞，和这个小渔村共享一顿浪漫的晚宴。

海边的日子总是悠闲的，兴致来袭可以追赶一场海上日出、一场风车日落、一场沙滩蓝眼泪，漫无目的地来一场村里的 city walk，可以去路边小摊买一份阿嫲炸的海蛎饼，去一家布工坊看看传统的染布技艺，去一家台湾工坊感受周末市集，去退了潮的沙滩上挖些海螺、小螃蟹，去蓝眼泪音乐广场听几首现场音乐，或者去我们咖啡厅的二楼阳台吹吹风，感受一下来自海风的咸度。当然，入了夜的海边怎么少得了啤酒烧烤和海鲜大排档，这是属于海边人的一天，不加思考、闲适自如的一天。

很多人对于民宿的理解可能只是一个满足旅游过夜需求的落脚点，但我们做民宿的初衷却不然，我们希望它是一个载体，是一个将空间建筑与周边环境联结在一起的点，也是一个将地域特色与文化聚落结合的共同体，"寻一方田地，耕一寸梦土"，我们希望的不仅仅是游客住在这里一两晚的睡眠体验，更希望实现的是游客和整个村落的对话：浮生一日，也能观梦山海。

▲民宿高台庭院

理想主义下的民宿

卡莎莎的日子会发光

隐居乡里 任涛

"越简单，越纯粹"

我以为山路会很难走，没想到新的路刚刚修好，可以一路顺畅地开进山里。当沿路的树越来越茂密，我就知道目的地离我越来越近了。

在停车场停好车子，卡莎莎民宿的摆渡车刚刚过来接驳，坐着"敞篷车"，吹着山风，沿着一路壮美的红石岩前进，经过有马群悠闲吃草的草坪，很快便到达了民宿区域，当地的小哥哥热情地帮我们拿着行李，指引在前台办理入住。

一位穿着朴素的当地大姐笑盈盈地等在旁边，原来这便是前一天联系我们的管家。她提着行李，带我们去找我们的院子。一路上她很健谈，就像老家的邻居一样亲切。简单休息了一下，管家便准备好了朴素的下午茶，有甜糯的玉米、鲜榨的当地花生汁、黏黏甜甜的叶儿粑粑，还有清凉的冰粉，不同于在城市里买到的食物，这些简单的食材透着最新鲜最本真的味道，就像这里接触到的人一样简单、纯粹、有温度。

晚餐是在夕阳下的露台吃的，树上挂满青绿梨子，山谷的风吹动树叶，穿过我们的指尖和头发，晃动一地迷离光影。院落管家微笑走来，有机食材经由她的简单烹饪后，给人带来身心的舒适清爽感。粉蒸排骨、红油竹笋、蒜苗腊肉、小青菜……几十年的灶台忙碌练就了一把好手艺，有家人的味道，米饭不觉也多吃了两碗。

"后山是一座宝藏"

睡到自然醒，身体前所未有的放松。推开窗，云海就在眼前浮动，和远处的山连成片，就像一幅水墨画一般。空气是湿润的，深吸一口，清清凉凉，带着泥土和青草的芬芳，枝头的喜鹊叽叽喳喳，瞬间让人愉悦，感官能力在这里被无限放大。

后山很适合散步。一条蜿蜒的小路，两旁树木丛生，苔藓也生得茂密，新结的蛛网被露水打湿，一颗颗水珠晶莹剔透，雨后小溪里淌着水，偶尔搬起一块石头，还会发现横冲直撞的小螃蟹，挥舞着蟹钳跟你打招呼。在这里不需要有什么目的，虚度光阴就很好。

山路的终点便是茶园，绿得纯粹而有规律。虽然错过了采茶时节，但雨中漫步高山茶园，在山巅的木亭听雨喝茶也很是惬意，看雾气缓缓漫过山林和茶园，天地万物包裹其中，混沌不清，又渐次显现，逐渐空明清透。

一路从后山闲逛回民宿，看到了枇杷树，也摘到了李子，听说大片的猕猴桃在夏末也会陆续成熟，想象着这样的丰收场景，我已经期盼着下次再来的时候。路过村子，发现年轻人并不多，零星的歇脚的老人和追逐的孩子偶尔会热情地打招呼，大家嘴角都带着笑意，这里的生活虽然简单，却充满希望。

"好像回到了小时候"

已经不记得上次采笋子是什么时候，所以随着管家

隐居乡里

▲ 卡莎莎乡村度假区

理想主义下的民宿

▲夕阳下的民宿庭院露台

▲一杯鲜沏茶

▲彝族火把节现场

大姐的手指方向发现一棵棵嫩绿小尖尖时，真的是满心狂喜，就像回到小时候。仔细地从根部拔起，伴着清脆的一声"咔嚓"，仿佛已经可以想到吃进嘴里的鲜嫩了。

晚上燃起炭火，烤上了心心念的竹筒饭，这是自己的劳动成果，砍竹子、做竹筒、填米饭、生炭火，每一步亲身实践，才知道并不简单。火光在微风中闪烁，只听到竹筒里发出吱吱的声响，淡淡的清香一点点散发出来。烤架上还有小黑猪肉串、香肠、排骨、鱿鱼，几位好友在茶杯的拿起和酒杯的碰撞中，彼此交换这一段时间中秘而不说的际遇和压抑的情绪。

傍晚日落缓缓入西山，晚霞和云朵散发出绵密瑰丽的光线，这是夏日的一场盛大演出。竹筒饭成熟时，天已经彻底黑了下来。星星挂满天空，一闪一闪眨着眼睛。在夜色中享受美味，抬头的瞬间竟看见一颗流星划过，收获了这份意外的幸运。

白日的万籁渐次沉息下去，晚虫开始鸣叫呼应。我们在山间行走，晚风穿过裙角和头发，抬头看见白月光倾泻流淌，星星闪亮。蹲在小树林的边上，看萤火虫给出一点一点的光。大家轻轻地，静静地，想要把自己紧紧包裹在这片静谧天地里，内心的惊动欢喜却早已漫溢如天空飞散的云絮。

"像火焰一样的民族"

7月有当地最盛大的节日——火把节，我们也是为此而来的。早有耳闻这里是古老彝族的聚居地，所以我

▲在茶园采茶的彝族女孩

▲朴寨的民宿下午茶

们对这份神秘一直抱有想象。

初印象是火把节当天村子里的孩子们，他们纷纷穿上自己隆重的彝族服装，可爱的小铃铛也跟着他们一路蹦蹦跳跳。老人们则要简单一些，包上头饰、穿上外衣就行，男人们则披起披风，挂起英雄带，外地工作的年轻人也纷纷赶回了家，整个村子里的人整装待发。

当地彝族崇尚的主要颜色是红、黑、黄，这也是他们衣服的主色调。我们在民宿选了一套喜欢的彝装，顺着人群加入这场民族狂欢之中，跟着举起火把的队伍，从民宿一路狂欢到广场。在一阵又一阵欢呼声中篝火熊熊燃起，彝族女孩们在火堆前唱起歌跳起舞，彝族小伙子系上红腰带准备摔跤，"挑""扭""缠""钩"，看的人分外激动，据说他们自孩童时期起就开始练起，由当地的老摔跤手口传身授，代代相传。

最后的环节便是所有人的狂欢。我们跟着当地人的步伐，加入达体舞群舞的队伍中。不清楚身边牵手的人来自哪里，也不知道对方叫什么，这一刻的我们只是相互看着、大笑。不知跳了多久，火光渐渐暗下去，每个人都筋疲力尽却还是止不住地快乐，感觉所有的情绪在今天得到了释放。

被这里的山水治愈，被这里的安逸治愈，被这里的人治愈，被这里的热情治愈。

感谢遇见，卡莎莎，我们下次再见！

理想主义下的民宿

唯愿，
家家有余粮，
柿柿皆如意

余粮·柿　高慧慧

见字如晤，展文舒颜。

你好，我是余粮·柿民宿的主理人高慧慧，也是余粮乡创的创始人。

都说做乡创的人是有情怀的，我也是这样想的，在乡创这条路上，我已步履不停20余年，走过数百个村庄，也遇见过无数的人。余粮·柿民宿对我而言是特殊的存在，它更像是我的第一个孩子。有太多的话要说，太多的心得要分享，却在一瞬间仿佛思绪停滞，无从下笔，恍惚间，我又回到了最初的时候。

离民宿所在的浙江省金华市黄店镇不远，有个名为余粮山的村子。300多年前，生活在这里的村民开始种植柿子。得益于余粮山早晚温差大的特殊气候，这里的柿子色泽红亮，入口果肉柔软，汁水香甜，我仍然记得第一次品尝的感觉，用一下子甜到心底来形容也不为过。

一抹娇艳的火红，勃发于每个秋日，持续千百年。"余粮山"牌大红柿子也荣获殊荣，成为兰溪乃至浙江顶呱呱的产品，这里也逐渐成为南方柿的代表和主产区。每年秋风起，满山红柿，掩映下的村庄透着富足与安宁，这是余粮山村最独特最治愈的存在。

大红柿子想走出余粮山，却并不容易。其所处兰溪北面与建德的交界处，山道狭窄，盘旋环绕，位于半山腰陡崖上的特殊位置，导致很多品相优质的柿子无法卖出。余粮山的村子很小，大约只有五十多户，青壮年都

▲余粮·柿民宿入口

▲民宿接待处

▲民宿客房整体结构

理想主义下的民宿

▲民宿所在地的文化驿站

已外出务工,只剩一些老人在这里生活,上一代的老村支书为了增加村民们的收入,只能一担担地挑出去到处叫卖。

慢慢地,在"余粮山大红柿子代言人"村支书一声声的吆喝中,约1.2万亩2万多棵树的柿子山被外人熟知,"余粮山"大红柿子的名声也越来越响。

"卖柿子能挣几个钱?现在的年轻人都喜欢去外面打工,来钱快,我年纪大了,腿脚不方便,不好摘也不好卖,就让它挂着呗。"后来的余粮山,柿子没人管也没人摘。大红柿子的名声也渐渐淡出了人们的视线。

常在乡村行走的我,被老支书振兴乡村的精神所感动,也为肩上一担担挑出山去辛苦培育出的品牌蒙尘而痛心。老支书这颗炽热的、朴实为民的初心,像一枚火种在我心里深深扎根。

我想为它做点什么。

我愿将这精神延续,化为"余粮"二字延续下去。

于是,就有了我们的第一家民宿余粮·柿和我的公司余粮乡创。

第一次做民宿,却并不顺利。施工方给出的成品与自己想要的有所差距,于是我和公司的小伙伴们齐上阵,庭院里的一草一木、客房里的软装设施……各种拆除改造,吃土搬砖,每天都是灰头土脸的样子。不屈于苦难,不甘于平庸,我更喜欢折腾的人生,热爱足以支撑一切困难,也就有了现在的余粮·柿民宿。

暂别城市喧嚣,重见质朴烟火。繁华之外,安静之上,这里是余粮·柿民宿,也是生活的松弛感。深秋,门口的那棵柿子树,像灯笼一样挂满庭院枝头,在蓝天白云和白墙灰瓦马头墙的映衬下色彩斑斓,秋收的喜悦都溢出来了。

穿过庭院,明亮跳脱的橙色与红艳的柿子融进设计,一砖一瓦、一草一木,搭配大量的原木、藤编自然元素,

▲民宿客房

▲民宿洗漱区域结构

▲余粮乡创特色伴手礼

细节处的野花、树枝、柿子,每走一步都是别样的景致,将黄店镇的故事给你娓娓道来。

民宿不大,3层小楼,5间大小各异的客房,房间均以"柿"取名,"心想柿成""柿柿如意""好柿发生",不仅寄托了余粮的期待,也是对每位下榻的客人美好的祝福。

屋内采用大面积的橙色,现代化的家居摆件营造出温馨居家感,从床具到洗漱用品,配套设施齐全又精致。卸下一天的疲惫,躺在舒适的大床上,浮躁的心情瞬间得到治愈。睡眼惺忪的清晨,推开窗,远处的青山吹来的凉风消解了几分缠绕心头的困意,温暖的阳光洒落身上,老街的烟火气被推至眼前。

食物是有温度的爱,早餐是热爱生活的仪式感,营养均衡,你可以慢食慢享,任那一口扎实的生活气息充盈肺腑,开启疗愈的生活。

与民宿连通的是黄店镇的文化驿站,这里也是余粮乡创的运营中心,一楼有我们设计的在地特色的土特产与伴手礼,还有画扇、香囊、制茶等非遗体验,二楼是农产品包装展,设计新颖又独特。在这里,把时间还给自己,享受慢下来的时光,逛逛展厅、体验手工的乐趣,拍几张好看的照片,流动的光影会帮你记录黄店的美好。

柴米油盐,烟火诗意。来自乡间的食材,经过简单的烹调,就是地道的兰溪美味。不仅如此,约一份围炉煮茶,或是露天烧烤,在余粮柿的庭院里,心里念叨着火候,眼睛迷恋着远方,看云卷云舒,听清风徐来,赏满天星辰,三两好友闲话家常,偷得浮生半日闲,你是否也爱上了这样的松弛?

若无闲柿(事)挂心头,便是人间好时节;

来到余粮·柿民宿;

愿你见柿如意,喜柿连连。

理想主义下的民宿

▲河北回山里民宿

回家乡做客

回山里　韩文雅

　　一提起"回"，我想大多数人首先想到的可能就是"回家"了，我的老家，就是回山里民宿所在地，河北保定易县。回山里所在的紫荆关镇，是明长城的关口之一，从小就听老人说紫荆关一带是宝地，因为有些山沟有金矿，是可以淘到金子的地方。听说，山谷深处现在依然住着淘金的老人。

　　2022年立秋前后，和上海、北京的好友相约在太行山里见面，实属不易。

　　我们从保定出发，1.5小时的车程，沿着雄安新建的容易线走到最美龙西跑山公路，导航虽已提醒我今日你已走过所有弯路，从此人生尽是坦途，但回山里却一直没有出现，依然要沿着这条路拐弯，再拐弯，一直走到著名盘山路"十八盘"下面那个村——坡下村，终于见到一块不大的锈铁镂空的导视牌。

　　从国道拐进大响水山谷，我们被一群散步的鹅拦住了进山的路。我招呼儿子："儿子，古有羲之爱鹅，今

▲民宿后院

天你也可以和鹅亲密接触了,下车把鹅群哄开为我们赶出一条路。"

于是,在五彩画廊般的山野中,伴着蜿蜒溪水的水泥山路上,一个6岁的白衣少年在大自然中让一群大鹅使出洪荒之力"又跑又唱"……看着眼前这赶鹅少年的画面,不由得想到了回山里的英文为什么叫"BACK TO NATURE","归乡"不是简单的由城市走入乡村,逃避尘世繁杂,寻求山间归隐,而是不分年龄,回归本我,释放天性。我对大自然的美,只是欣赏,没有深思,大自然最接近我们的心,从不强迫,只是静静地在那里等着。

终于到流苏山房了,还没下车,小黑就飞奔过来迎接我们。它是一只两岁半的拉布拉多,一身短毛,缎面一样黑得发亮,看上去威武霸气,虽被睫毛遮住半只眼,但露出的眼神全是戏,憨憨的,没有恐惧感。长得帅,脾气好,对主客有分寸,是我心中汪星族的理想型。对于我这种不养宠物的人,也会主动接近它,是它的黑粉。

远方的朋友早已到了,上海的管老师这一队喜欢摄影,带着各种镜头和无人机,在户外、室内各种角度拍摄。北京的滕老师这一队喜欢喝茶,我们选择先在客房榻榻米上品尝她带来的甜点,喝茶,适当休息,闲聊各自的生活……

午饭时间到了,食材除了共享菜园里现摘的蔬菜,还有管家从周边村子集市上选购的本地美食,蜜汁小番茄、鸡汤老豆腐、土猪肉、黄米糕……荤素搭配,肉有肉香,菜有菜味;器皿的造型、质感、摆盘视觉,甚至

理想主义下的民宿

▲民宿公共区域楼梯连廊

▲民宿流苏山房主卧

▲山里食堂

▲会客厅

▲看山茶室

▲茶空间

▲山里讲堂

装饰撒粉都很讲究，多了些南方的细腻，原来这里新换了位更有经验和审美水平的南方厨师。我们在山里食堂拼了一个圆桌，一桌合口味的菜，一桌合心意的人，微醺和美味，成了快乐的标配。午饭期间，透过落地窗，穿过水景，对面山间树枝上，几只喜鹊一直陪着我们，只是时不时换个枝头跳跃，但却从没飞出眼前窗户构出的画框。

午后，忽然下了一阵太阳雨，孩子们在户外拿着未撑开的雨伞当武器，上蹿下跳，嬉戏打闹，又换上古装，将手中的伞变成长剑，恍惚各路武林高手在细雨中对决。大人们在山庐二层平台屋檐下，躲着雨、聊着天、看着他们……

雨后天空出现漫画般的云朵和彩虹，孩子们兴奋地尖叫着，打闹得更激烈了。大人们干脆爬高到山上帐篷平台。此刻，氛围很好，山上还起了风。看着山下那株最显眼的300年的流苏树，想起五月流苏花正开的时候，一群年轻音乐爱好者开着房车到树下，举办了首场"流苏音乐节"，因为他们，山里书屋的书目更丰富了，流苏树下许愿牌一下多了很多。聊着聊着，我转头看滕老师，一只瓢虫正爬到了她的裙子上，我刚要伸手去弹开它，她却淡定地说："嘘——不要打扰它，让它爬吧，它才是这里的主人呢。"然后开始哼唱："如果说我想和你虚度这时光，会是怎么样，也许我会把那些好听的故事，都挂在树上……"

晚饭后有户外山里酒肆或室内多媒体山里讲堂可供选择，但被孩子们占领了，大人们又被赶到了旁边的看山茶室喝茶、叙旧、抄经写字。

不知不觉夜已深，我找回了孩子们："时间不早了，该休息了，回房间妈妈给你们个惊喜。"

回到流苏山房，我们的房间叫山苔，在阳面，可以和喜鹊做邻居，这间虽不带浴缸，也没有电视，但却有个靠窗大榻榻米，很实用，娘儿三个横着睡床，爸爸睡榻榻米，正合适。我关灯让孩子们都躺下闭眼，拿出自备望远镜，说："我给你们变个魔术，请睁眼盯着屋顶。"

我用遥控器悄悄打开天窗的伸缩帘，帘子缓缓拉开，露出秋夜星空，孩子们争抢着看镜头里的星空，时不时发出惊喜的赞叹声。每间客房都有一个天窗，只是伸缩帘与屋顶同色系，人们很容易忽略它的存在。夜更深了，欢呼呐喊消失，四周一片寂静，轮到我和午夜星空对视了，它深邃而悠远。我先看到最大最亮的星，仔细观察，发现周边还有许多黯淡的星光，它们是稍小一点的星，星星越看越多，星河越来越立体，虽乱无章法，但有种说不出的美。我举着望远镜，慢慢困了，手一滑，砸到了自己的脸，猛然收回视线，躺在柔软被窝中的我，被星星带到了一个很大很大、很远很远的世界。仰望星空，就像在时间的长河中寻找属于自己的那一刻，让人感到无与伦比的宁静、充实、渺小……我们都是宇宙里的一粒微尘，终会回到自然，回到宇宙中去。

"若得地十亩，必以三亩植梅，三亩树竹石，一亩凿莲沼，而所余三亩，则筑屋皮藏文史图籍，鼎砚骨董，予偃仰舒啸其中，以度晨夕，此外则无所求矣。"此刻，入住的这里，以人文美学生活方式为启意，与郑逸梅先生《幽梦新影》有异曲同工之处，伴我入梦。

到不了的地方叫远方，回的去的地方叫家乡。记不清走了多少次回山里的路，回去的多了，那便成了理想中的家……今年夏天雨水很大，山里的路部分被冲垮了，政府正对它们进行修缮并拓宽，所以回家的路更顺畅，更平坦了，方便约见山中的自己和真实的你们。

"回山里做几日山民"，这句口号是不是该改改了，只做几日，可不够呢！

▲观景台

▲山下露营地

▲凡朴生活民宿阅读区

凡朴，心灵的归处

凡朴生活　涂海霞

歌德曾说过："不管你能做什么，或者梦想你能做什么，开始去做吧。在勇敢中自有天赋、能力与神奇。我的梦想，就是拥有一个小而美的农场。"

于是，我就这样扎根乡村近十年，寻找一种唤醒美好的田园生活方式。"勇敢"是有的，"天赋"和"能力"，就不敢自夸，但"神奇"却是遇到了的。凡朴生活从一间牛棚到128亩生态农场，逐渐发展成为集农场、民宿、花园、咖啡店、书店等一站式乡村旅行田园生活体。

在四川成都平原崇州集贤乡，大片的田野环绕，让它仿佛置身于一幅绚丽多彩的油画之中。远处，青山连绵起伏，与蓝天白云相映成趣，给人一种宁静致远的感觉。微风拂过，麦浪滚滚，空气中弥漫着泥土的芬芳和青草的香气。花园里种满了各种各样的鲜花，玫瑰、郁金香、格桑花等，五彩斑斓，美不胜收。

▲民宿休闲后院

田园中有一栋古朴自然的两层小楼，门口有一道宽敞的走廊，摆满绿色植物和花卉。客厅里摆放着舒适的沙发、茶几和电视，墙壁上挂着艺术画作和照片，展示了凡朴生活民宿的美丽风景。房间里的床铺柔软舒适，床上用品干净整洁，窗户很大，阳光可以充分地照射进来，让人感觉格外温暖。窗户上挂着的白色窗帘随风摆动，自然飘逸。

这就是我们的家了。

凡朴生活起步时的那间牛棚经过改造，配置了藤椅木窗、长凳木桌，还在各处摆放上了绿植，把新鲜采摘下来的鲜花插在陶罐里，猫咪和小狗点点在椅边酣睡，这里成了大家喝茶、品鉴、聊天、用餐及闲坐的好去处。

你可以捧一杯茶随意入座，若是厌了端坐在椅子上，也可盘膝坐到棕垫之上，或者卧于矮榻之上，枕着或靠着或抱着软垫，自然率性，不拘一格。

"农夫市集"靠墙立着3只大柜子，里面不仅有各种茶叶，还有一些零食、酒类、饮料，以及草编帽子、竹篮等物。茶叶种类很多，绿茶红茶花茶……普洱乌龙毛尖瓜片观音……想要哪种茶尽管向掌柜的开口，稍后便会为你送上一壶开水和典雅的茶具，供君品饮。若是玩得饿了热了，也可向掌柜的购买零食、冰过的饮料，或者直接在厨房里点菜，美餐一顿。

牛棚前面有一片柔软的草坪，这里举办过孩子们的晚间分享会，他们还在这里玩过自制水枪。其实，光着脚走在软软的草坪上就很舒服。转身坐在旁边的秋千上，抱着书或笔记本，摇着扇子，看天上云卷云舒。

凡朴应季厨房以土灶起火，菜地为篮，用最原始的方式烹饪出最美味的菜肴。你还可以自己动手采摘凡朴

理想主义下的民宿

▲凡朴生活树屋

有机菜，听着柴火烧得噼噼啪啪的声音，回归最原始的柴火灶，感受浓浓的菜香。围着灶台吃饭，那份欢愉让人仿佛回到了最纯真的童年时光。

凡朴生活还有许多丰富多彩的活动。吃生态土灶餐、品茶、垂钓、下棋牌、采摘有机菜、学习烘焙、参加篝火晚会、烧烤野炊、露营、打真人CS、组织家庭亲子活动、骑自行车游玩、磨石磨豆浆，以及玩家庭农场、树叶拼图、石头画、木工房、手工彩蛋……每一项都充满了乐趣和挑战，让你在自然中尽情释放自己。

还可以沿着碎石铺成的小路，走进崇州桤木河湿地公园，感受水园共享、林田共存、人鸟共鸣的生态之美。远处青山藏在白云间，蝴蝶自由穿行清涧，那如画的美景让人陶醉。在金色的麦浪中拍照留念、骑游，体验甜蜜的时光。品尝凡朴应季餐，让孩子明白蔬菜不是从超市里长出来的，而是饱含着汗水和喜悦的土地的馈赠。

凡朴生活的夜晚同样精彩。晚饭后，你可以去稻田散步，感受即将丰收的喜悦；可以聚在一起谈天说地，碰撞思维的火花；可以听Jesse弹吉他，品尝自酿桑葚酒，讲述各自的经历；还可以骑着自行车去湿地公园赏荷，享受月夜下的宁静与美好。

凡朴生活的风景让人陶醉，而凡朴人则让这里更加温暖，他们以真诚和热情，让每一个来到这里的人都能感受到家的温暖。他们崇尚自然永续，追求返璞归真，并愿意将这种价值和情怀分享给众人。在这里，人们可以结交来自不同地方的朋友，分享生活的点滴美好，传递快乐和温暖。

凡朴生活的理念，是倡导和自我践行"可持续发展的简单生活"。以"生活"为土壤，让生命重新回归生活，去体察"人与人，人与自然，人与社会"的关系。在浮躁的现代都市生活里，凡朴生活就像一盏明灯，照亮人们回归自然的道路。在这里，人们可以放下一身喧嚣与疲惫，亲近自然，回归本心。

凡朴生活圈玩法不断升级，凡朴农场、凡朴生活、凡塔夕景点、慕鱼花园，每一处都有独特的魅力。在这里，人们可以体验农耕活动、自然工坊、喂小动物、田园摄影；可以享受民宿、餐食、手工工坊、围炉煮茶服务；可以品尝咖啡、手工特调的酒和果汁、特色烘焙产品；可以露营、举办团建、打卡拍照。凡朴生活圈，是一个适宜从小孩到老人多个年龄层的田园休闲综合体，是人们梦想中的乡村生活家。

凡朴研学，用教育复兴乡村，用乡村孕育生命。自然、游学、融合、创造，4个关键词诠释了凡朴研学的初心与使命。在凡朴农场，孩子们可以接触自然万物、感受大地脉动，通过主题开放日、营期、游学等活动，学习自然知识、体验农事活动、感受多元文化的融合与创造。凡朴研学为孩子们打开了一扇通往自然与知识的大门，让他们在成长的道路上更加自信、勇敢、坚强。

凡朴生活，是一种生活态度，一种返璞归真、自然永续的生活态度。在这里，人们可以做一个能读懂春花秋雨的凡人，做一个能自种自食的淳朴农夫，偏安一隅，闲庭一生。在崇州的这片土地上，凡朴生活就像一颗璀璨的明珠，散发着迷人的光芒，吸引着越来越多的人前来寻找心灵的归处。

▲凡朴生活客卧

理想主义下的民宿

梦一处人间仙境，寻一方诗意山水

东江湖暮尼度假酒店　莫子先生

▲东江湖暮尼度假酒店一楼

湖南郴州东江湖，碧波荡漾，青山环绕。说起东江湖，可能大家最熟知的还是那水墨画一般的雾漫小东江：清晨时分，雾气逐渐从湖水中央蔓延开来，阳光斜斜地洒进其中，群山就像被墨汁染过一般，远山、晨雾、山岚搭配着湖中间一叶小舟上渔翁撒出去的一张网，构成了一幅青蓝色的水墨画卷，让各地的摄影师趋之若鹜，这里一时间成了摄影师的天堂。

"人间天上一湖水，万千景象在其中。"山峦，湖泊和烟雨，树，路与建筑，顺应地形，结合光影、时间的流动，一个充满诗意栖息的度假酒店沿着水岸徐徐铺展开——暮尼度假酒店就矗立在纯净浩瀚的东江湖畔。东江湖融山的隽秀、水的神韵于一体，挟南国秀色、禀历史文明于一身；暮尼将东江湖白廊村庄里的质朴与混凝土的极简，糅合成自然与野奢合体。

云蒸霞蔚，朦胧缥缈中，渔夫撑一叶扁舟，点一盏渔灯缓缓划入东江湖。渔网一撒，捕了满江清梦，暮尼以"渔火"为设计灵感，将人、空间、艺术的碰撞，光、水、时间的流动，结合现代设计哲学，在室内室外采用"火"元素缔造出了一处基于自然、浪漫的度假酒店。

再以宋代王希孟的《千里江山图》为出发点，用窗户为框，融东江湖为景，打造出特有的东江湖画卷。因此，你便可以在室内坐览东江湖四季格局之美。

在山水与建筑中，东江湖暮尼度假酒店融入了有风格、有艺术、有灵魂的酒店设计理念，同时与自然环境、地貌景观充分结合，融于当地而不拘于当地。

为保留当地建筑的原有风貌，我们从在地周边的原有红瓦建筑中提取主色调，用褐红色夯土涂料装饰建筑外墙，既保留了老建筑的旧时光记忆，又充分保证了"在地化"特色，提升了现代人的居住品质，使得建筑与周围的山林鸟鸣、明月清风都产生了有趣和谐的连接。

步入大堂，开敞的空间构架中，各个区域之间的转换自由而流畅，于简单中体现了微妙的转折。室内的线条元素呼应着空间脉络，家具的形制延续了硬装体块的线性语言，呈现出空间简净、大方的当代气息。

室内以粉黛色的岩化微水泥作为墙面装饰材料，与地面褐红色无机磨石相协调。在暮尼，好似住进了与大地相连的自然之中，开敞的落地窗将室外的景色容纳进室内。落座于窗前，一壶一器，一茶一食，暂避生活的喧闹和急躁。

一楼整体为公共区域，依照不同功能设为接待、就

理想主义下的民宿

▲酒店长廊

▲酒店休闲大堂吧

▲酒店茶室

▲舒适放松的客房布置

餐、会议等空间。一切布置简约有序，各个空间的落地窗将室外自然风光完美呈现，生活化、历史化、自然化的场景也被一一呈现，与自然共鸣。

作为一家创新的野奢文旅酒店，暮尼以可持续设计为导向，融合心灵治愈、休闲度假、极简主义，旨在做您情绪的背景场，不喧宾夺主，亦不曾刻意雕琢，只想呈现自然野奢的绝世秘境。

一物一景，一心一境，极简即是奢华。暮尼倡导全新的人文度假生活方式，一楼设有阶梯式下沉观景台、大堂吧、茶室、会议室等特色空间，用茶与酒共谱一曲迷人的馨香，下午茶和夜酒又让五湖四海的朋友相聚在了一起。

在顶楼沙滩星空酒吧可小酌一杯，湖景健身房结合沿湖风光带可满足多种锻炼需求，180°网红观湖楼梯和瞭望景窗是暮尼的热门打卡点聚集地。混凝土的写实与景窗的写意，构成了一幅生动的山水画。

跨过酒店长廊，踏进客房的那一刻，你即可开启一段难以忘怀的入住体验。

客房将现代主义及侘寂风完美融合，朴实中透露着设计感，木质家具、棉麻的纺织品和传统的壁炉，营造出自然而原始的氛围。

推门即见水，清风徐徐而来，自然且幽静，平和适宜的居住环境更是给房间平添了些许惬意。

同时，客房也延续了大堂空间的文化韵味，用同样的色彩、光影、框景来表现当地独有的文化底色，传统的木色进一步烘托空间，利用光线与空间之间的跳跃穿梭，营造出身临其境的在地文化体验和休憩空间。

林韵山居，曦落乡野，隐山就水，晨曦湖畔，时光流逝，一览湖畔……大床房、双床房、亲子套房等26间湖景客房在光影下显得亲切柔和，私密性绝佳，远离人群的喧闹，暖紫色的黄昏暮色是它们绝美的风景线。汲取村落建筑与落日光影等经典元素，加之室内精心设计的灯光艺术，营造出舒适、宁静、放松的度假氛围。优雅的艺术格调，浓厚的当地文化特色，让每一位走进这里的客人都沉醉于这样奢侈的浪漫氛围中，卧风而眠、看山看水看云。

因暮尼沿山体坡度临湖而设，所以每间客房拥有独特景观，东南方直面东江湖广阔的湖面，静享湖天一色，景象万千。

浪花拍打两岸，敲响记忆中的摇篮曲。在此与家人度假，时光在江风中流动，创造出美妙的共同记忆；在此与友人相聚，彼此敞开心扉，对谈人生，心灵在此得到治愈，内心的平和被释放。

当夜幕降临，渔民们乘上竹筏归家，漆黑夜幕里一盏昏黄渔火晃动，暮尼借由构造、质感和形态，克制地以灯光映衬，夕阳下、晚霞中，梦境与现实融为一体。蓝调和暖黄的色彩形成鲜明的对比，在灯光的照耀下更是美不胜收，形成极致的视觉享受。

夜色缱绻，风也温柔，人们在暮色中探索永恒的野性、舒适、柔软……院中蜿蜒的小道，带你通向另一番梦境，夜晚的湖风，会吹散所有疲惫。

这是东方的侘寂，极尽尔雅；东南亚的热风北上，亚热带植物悄然生长，将光影留驻在此，摇曳生姿；这是亚热带的风情，自然私密；休闲度假美学与东方侘寂在此刻混响，演绎出暮尼独树一帜的美感。作为一家创新的野奢文旅酒店，暮尼以可持续发展为导向，融合心灵治愈、休闲度假、极简主义于一体，在郴州西北部东江湖的湖岸边，叙述着他们为爱践行的永恒故事。

▲酒店会议室

▲酒店客房

理想主义下的民宿

蓝色城堡，一半童话、一半现实

西江蓝岸 VILLA 林咏红

▲ 西江蓝岸 VILLA 民宿全景图

▲西江蓝岸 VILLA 餐厅

西江蓝岸 VILLA 位于广东省肇庆市德庆县新圩镇下兰村，从广州出发大约需要 2 小时车程，距离最近的高铁南江口站约 15 分钟车程。民宿朝江而建，享有独特的一线江景。

蓝岸，意为蔚蓝海岸，西江一年有 8 个月蓝绿色的江水也隐含着这种意境。由于酷爱旅行并且在一次希腊圣托里尼和米克诺斯岛的度假中留下了美好的回忆，我回国后心心念念希望把这种体验带回家，因此精心选址在西江边，由我先生设计，将爱琴海明珠特征元素融入，打造出一个浪漫、迷人且治愈的生活空间。

建在西江边的蓝白色房子和大多数时间是澄蓝的江水搭配，特别悦目。圆拱顶的教堂，半圆的屋顶，磨坊的风车屋，在这里都得到了充分呈现，户外的江景无边泳池散发着浓浓的海洋气息，特定季节里，黄黄的沙滩和由浅变蓝的泳池在视线上与江面连成一体。泳池上漂浮着一条从大西洋荣耀回归的帆船，二楼阳台拥有无边水景，露天温热山泉水泡池、房间私家洞穴恒温泳池，可以让你一边泡浴一边欣赏西江的晨曦与日落享受精致的慢生活，不用远渡重洋就可感受到地道的爱琴海风情。

我想象了无数次室内的样子。我一直有一个心愿，如果有机会把自己的家装修成一个民宿，我一定要按照自己心底最想要的生活方式去找灵感。等有了生命沉淀，有了对向往生活的理解，我才体会到原来真正想要的到底是什么。

我在思考，度假民宿到底给来这里的人提供什么价值？满足一切居住需求和品质只是最基本的需求，而满足情绪价值才是体验的峰值感受，就像你推开一扇门，那一刻的风景里只有阳光和你，所有的压力和焦虑被短暂屏蔽掉了，那一刻的开心与感动，或许就是情绪价值。

室内设计不只是做好空间的外观，更是给人传达一种体验。我不是专业设计师，但我明确知道自己想要表达什么，在我看来从风格去理解风格就会被框住，我理解的精品民宿是生活方式。大家看到的是它的风格特别，底层逻辑是它倡导了一种极简的、个人独特审美的生活方式，是创始人对理想生活的向往。同样，我也向往雅致气质的调性，希望表达出自己文人雅士的审美，虽然我知道每个人对美的理解不同，对美的需求也不同，但在生活美学里，美并非虚无缥缈，也不是学者专家中的理论，它踏踏实实地体现在我们的生活中。

对美的欣赏与体会是一个能够让我们静下来，短暂地排解压力与疲惫的出口，生活中你对美的向往与分享就是你的生活方式。就如蒋勋先生所说：美的力量能唤醒心灵，改变自己进而改变生活。所以，经过无数次的交流与碰撞后我找到一家创意丰赡的年轻设计团队——柚选，委托他为西江蓝岸的室内设计主笔。在我们的理解中，设计不仅仅要呈现功能上的全面、视效上的新趣，

理想主义下的民宿

▲ 酒店客房观景台

更要使心灵能够在进入空间时产生共振。"在这个民宿设计中,我们希望空间的气质与江边的宁静相融合,呈现简单、纯粹且美好的视觉感受,令来往的旅客静心融入其中,渐入澄明悠然的心境。"

客房的设计都在做减法,只有灯光氛围是在做加法。光是渲染空间情绪最有力的媒介,能赋予空间生命和情感。有了明暗才有对比,才有层次,而高级感就潜藏在这些层次里。

一片斑驳的阳光,落在温润的家具上,这光影成为家里最好的装饰。暖黄的一盏落地灯,透过和纸的一束光,如此简单,却能治愈人的疲惫。

"醉后不知天在水,满船清梦压星河。"在洞穴泳池里欣赏落日余晖,夕阳洒落的瞬间,疲惫立刻烟消云散。夜幕降临,溶洞吊顶的星空灯忽明忽暗,中间有一盏月球灯,墙壁上结合造型安装了暖光源,散发出微弱的烛光,外部水池底部的水池灯透过清澈的水面,光映射到室内溶洞吊顶上,散发出的淡淡蓝光诉说着这里的浪漫。

客房家具则很简单,可是实用性又很强,这个装修真的很会省钱,但床品是我住过所有奢华酒店后选择出的最舒服最柔软的。洗漱洗护品非常有分量,拥有可以让人忍不住装到自己包里带走的品质。我在住过的民宿中发现,绝大多数投资人和设计师往往忽略了可以给人带来情绪价值方面的投资,好看固然重要,但走心可能更重要。

每个人都需要一处可以窝半天的角落,不管是晨起还是夜半独处时的让人松弛的角落。一盏灯,一角几,一张沙发,一本书,再有一棵植物或者有一面屏风最好。

民宿和家居有什么关系？在我看来它们都属于生活美学。民宿卖的不是房间，不是风景，而是主理人或设计师审美下的生活方式。这种生活方式或艺术或古典或与自然共处，让人向往。所以，当对生活方式及生活美学没有深刻理解时，那民宿的设计就会流于风格的限制，更容易陷入一种拼投资、拼价格的尴尬处境。

何为美学，并没有一个所谓的标准答案。这个不是投资有多大，不是建设有多奢华，从家具来看看东西方的审美差异，东方的美是"骨"，东方的家具很有筋骨感，是形神意的美，是少即是多，是以小见大、细节中有整体，是留白的余韵与氛围感。西方的美是"相"，是形式与确定之美，家具的设计多强调不同质感的材质与工艺的融合。东西方的审美差异并没有高下之分，只是看待这个世界的方式不同。就比如蓝岸的大厅里，当穿越时空而来的中式椅子与美式的人形椅子融合在一起时，这场景就像是一场跨越时空的对话，融合的不仅是东方的气韵与西方的本真，也是当下的世界与生活真实的样子。

也许江边的悠悠景色是夕阳染红了半边天的壮观，是森林里清晨的雾气在当初忙碌身影中的匆匆一瞥，放下焦虑、放下烦恼、放下迷茫，来蓝岸尝试纯粹的不带任何杂质的放松吧！也许身与心被共同治愈后，在踏上前景的道路上会有更开阔的视野，让我们都慢一些，慢慢来，生活是，爱也是。

随心，随性，随缘；不早，不晚，刚好。西江蓝岸宛如蓝色精灵，安逸，恬静，与岁月相拥；蓝色城堡里，一半童话、一半现实，相互交织；爱琴海的浪漫奇遇由此演绎……

▲浪漫的洞穴星空泳池

▲休闲看书角落

理想主义下的民宿

邂逅壹拾贰乡宿：
探寻自然与文化交织的理想之境

壹拾贰乡宿 潮玥

"久在樊笼里，复得返自然。"在忙碌尘世中穿梭久了，便越发渴望一方能让心灵栖息的净土。一次机缘巧合，我邂逅了壹拾贰乡宿，自此开启一场远离喧嚣、回归本真的奇妙之旅。

我来自北京，虽被都市繁华环绕，却总向往着"结庐在人境，而无车马喧"的宁静。地图上，蓟州这个京津冀腹心之地吸引了我。它离北京不过几十公里，有着"京津冀的花园"美誉，可在京城却鲜有人知。这份神秘与未知，如磁石般吸引我踏上前往蓟州的旅途。

抵达蓟州，才惊觉这小县城藏着无数珍宝。作为首批国家 AAAAA 级旅游景区的盘山，乾隆帝曾 32 次到访，留下"早知有盘山，何必下江南"的千古赞叹，尽显其钟灵毓秀；黄崖关长城，戚继光驻守 16 载，作为中国长城三大重要关隘之一，它"雄关漫道真如铁"，承载厚重历史；千年古刹独乐寺，其纯木质结构历经千年风雨坚而不倒，完美诠释了"古木森森，梵音袅袅"的古朴韵味；国家级森林公园八仙山、中国最美乡村郭家沟……每一处景致都令人沉醉。而我下榻的壹拾贰乡宿，恰好位于这些景区中心，让我的旅程便捷又美妙。

壹拾贰乡宿的老板是个满怀热忱的人。与他结识，是在一个悠然午后。我坐在院子里，被周围独特的布置深深吸引，老板路过时，我们便攀谈起来。他是土生土

长的本地人,儿时在村里长大,后来外出求学、工作。一次返乡途中,听闻村里小伙找对象都困难,他意识到周边村子因旅游开发富起来,而自己的村子却被人轻视。从那时起,一颗带动村民致富的种子便在他心中种下。

偶然契机,老板接触到民宿行业;他敏锐察觉到这或许是改变村子命运的钥匙。于是,开启了长达六七年的筹备建设之路。前期选址、办手续、设计耗时两三年,建筑又用了4年。老板说,院子里一草一木、一砖一瓦都承载着故事与文化。

走进壹拾贰乡宿,古朴外石墙映入眼帘。墙由本地特有的沟壑散石和鹅卵石砌成,墙上奇石、陶缸、磨盘错落摆放。磨盘中间圆眼被老石匠改成方形,形似古钱币,寓意财运亨通;墙体上坛子象征储钱罐或聚宝盆,滚子有滚滚而来之意,组合起来,是祝愿每位来客财源广进、福气盈门。沿着墙前行,两只龙头威严耸立,龙墙门内天然石头屏风宛如鲤鱼,与龙墙构成"鲤鱼跃龙门"的奇妙景观。未经雕琢的巨石静静矗立,让人不禁感慨"尔来四万八千岁,不与秦塞通人烟",它该见证过多少岁月变迁啊!老板为此赋诗:"旺财拱手迎贵客,双龙戏珠两侧卧。鲤鱼跃福禄多,财源滚滚佳人获。"他把每位顾客都当成家人,盼大家在此收获好运和财富。

踏入院子,仿佛置身世外桃源之中。蜿蜒石路、起

▲壹拾贰乡宿入户水池

伏飘带红桥、古树奇石、红花绿竹、潺潺小溪、净水鱼池，一切都和谐相融。院内300年树龄的老梨树，历经沧桑依然枝繁叶茂，静静守护这片宁静家园。房间内，老板巧用大量古木、树枝制成床、床头柜、衣架、灯及装饰品，每一件都古朴雅致，满是"古意盎然"的韵味。

壹拾贰乡宿的12间房，名字依一月至十二月排列。每个房间用树木断面木板注明号码，如"一月—柳月""二月—杏月"等方式命名，还都配有一首古诗。老板说，这取名源自他对人生的感悟。"人活一世，草木一秋"，四季轮回，十二个月，若人生每一步都能邂逅美景，便是无悔人生。"壹拾贰乡宿"这个名字也寓意深刻，"十二"代表圆满、完美与神圣，老板希望每位来客都能在此寻得圆满快乐，体验完美舒适，感受神圣宁静，让旅途与人生更加美好。

在壹拾贰乡宿的日子，满是惊喜与感动。早上，晨光透过碧纱橱，轻柔洒在床上，将我唤醒。开窗，清新空气扑面而来，沁人心脾。换上轻便运动装，来到花园。

▲壹拾贰乡宿观景露台

▲壹拾贰乡宿花园

花园里繁花似锦，"等闲识得东风面，万紫千红总是春"，各种花草树木在阳光下肆意生长，五彩花朵散发迷人香气。沿着小路慢跑，耳边是鸟儿们的欢快歌声，"几处早莺争暖树，谁家新燕啄春泥"，它们似在为新一天的到来而欢呼。我不时驻足，细赏路边花草，感受大自然的蓬勃生机。

跑完步回房，洗个热水澡，换上干净衣服，去餐厅享用早餐。早餐是民宿主人精心准备的，新鲜牛奶、面包、水果、鸡蛋，还有十几样小菜和刚出锅的特色大饼。我一边品尝美食，一边欣赏窗外美景，"人间至味是清欢"，心情格外舒畅。

早餐后，我决定去附近山上徒步，沿着蜿蜒山路攀登，一路风景如画。山上空气清新，弥漫着泥土和草木的芬芳，"山路元无雨，空翠湿人衣"，我穿过山林，欣赏路边野花野草，感受大自然鬼斧神工。途中遇到几位当地村民，他们热情打招呼，讲述山上的故事和传说，让我对这片土地有了更深的了解。

▲冬日里民宿外的路边装扮

▲壹拾贰乡宿花园的另一个视角

▲民宿在夜晚中的俯瞰全景

▲夕阳下的民宿一角

不知不觉,来到一座古老寺庙。寺庙不大,由村民自发修建,里面供奉的佛像庄严肃穆,让人不禁"心随万境转,转处实能幽",我在庙里静静坐了一会儿,感受着宁静与祥和,心中杂念渐渐消散。

从寺庙出来,继续向山顶进发。山路越发陡峭,攀登艰难,但我怀揣对山顶风景的期待,始终未曾放弃。终于登上山顶,"会当凌绝顶,一览众山小",整个山谷美景尽收眼底,连绵山峦、茂密森林、错落村庄,构成一幅绝美画卷。微风拂面,心中成就感油然而生。

从山顶下来,我有些疲惫,回到民宿,在花园找个舒适位置坐下休息。花园里有磨盘做成的大石桌,我坐在石桌旁,沐浴温暖阳光,欣赏周围美景,心中的疲惫和压力渐渐消失。休息片刻,来到民宿书房,这里收藏着许多当地历史文化书籍。我随手拿起一本,沉浸在书中世界,了解这个地方的过去与现在,感受其深厚的文化底蕴。

傍晚,来到餐厅享用晚餐。晚餐同样丰盛,有当地特色菜肴和美酒。我一边品尝美食,一边欣赏窗外夕阳,"落霞与孤鹜齐飞,秋水共长天一色",绚烂晚霞将天空染成橙红色,美不胜收。

晚餐后,来到民宿露营地。这里每晚播放露天电影,人多时还有篝火晚会。我和其他游客围坐一起,一边看电影,一边分享旅行趣事,度过一个愉快夜晚。

在壹拾贰乡宿的时光,我不仅沉醉于大自然的美好,还深切体验到了当地的文化与生活。这里的一切都让我感到无比温暖舒适,仿佛找到了心灵归宿。

如今,壹拾贰乡宿已成为蓟州的一张亮丽名片,吸引了各方关注,明星也曾到此拍戏,来这里休息度假的人也多。这个曾经不知名的小山村,正因壹拾贰乡宿被越来越多人知晓。而老板始终不忘初心,希望带动刘庄子村实现共同富裕,让更多人过上美好生活。

倘若你也渴望逃离喧嚣,与自然和文化亲密相拥,不妨来壹拾贰乡宿!在这里,你将收获难忘时光,留下一段美好回忆。相信当你踏入这片土地,也会像我一样,深深爱上这里。

▲民宿房间的内部构造

▲灯光下的氛围感客房

山钦湾燕子洞海的民宿，从海望见海

烟墩海壹号院子　陈统奎

▲ 烟墩海壹号院内泳池休息区

海南万宁龙滚镇，有一座名叫"烟墩"的滨海小渔村。

这里临近"会讲故事"的海南环岛旅游公路山钦湾燕子洞，是一个拥有大片"野海风景"的原始村落，保留着最原始的文化和生态环境，海洋、湖泊、河流、热带雨林、渔村文化在这里相互融合。古往今来，多少袅袅炊烟，飘逸于山川河海之间。

海南环岛旅游公路从烟墩村穿村而过，就像一条串珍珠的项链，把烟墩这颗珠子与更多珍珠串联起来，向世人展现出了最本真、最原生态、最有烟火气的海南岛。

烟墩村东边面朝南海，一年四季鲜花盛开。村子南边青山河，北边新村河，一头连通和乐、港北，一头连通博鳌、乐城。这里曾经是万宁地区卖鱼、贩盐等商户小贩往来万宁、琼海时停留休憩的古铺和驿站。当年的烟墩村繁华热闹，颇具规模，分成了烟墩上铺和烟墩下铺，多是迎送过往的鱼贩和商户。

在战争年代，烟墩村还曾经承担着烽火台的重任。如今，从民宿大堂远眺海面，还能望见充满传奇故事的鹰嘴礁，默默诉说着那段红色岁月的故事。渔村、古铺、驿站、烽火台……见证了悠悠岁月。烟墩村繁华过，沉寂过，如今又因为一条环岛旅游公路，被串联，被带入全新的时代。

然后就有了烟墩海壹号院子。

它坐落在一片椰林之中，门前就是绵延的沙滩，与周围的自然景观相映成趣。民宿占地近 2000 平方米，共有 13 间客房。每间客房都设计了不同主题，整体为侘寂风格设计，简约而不失高级，纯白色的设计散发着独特的度假氛围。院内还配备了泳池、茶室、餐厅，户外还有闺密打卡、亲子遛娃等设施，为宾客提供了海南乡味茶饮、餐食和娱乐。

烟墩海壹号院子前面尽是大片的沙滩、椰林、木麻黄和壮阔的大海。地图上唤这片海为"烟墩海"，这便是民宿的名字由来。只需穿过一片椰林，走上200米左右的距离就到了，它不是那种远眺海景的民宿，而是真正的"海的民宿"。

从海望见海，这是烟墩海民宿赋予旅人们这趟旅程的最佳景观。

这里，双目初醒，海上日出，浸入晨起日常空间；

这里，立窗抬眼，阳光正照鹰嘴礁，跃入手机屏保；

这里，面朝大海，院前漫步，身后脚印随海浪悄然平复。

潮涨潮落，斗转星移，日月交替，劳碌风尘、打拼倦意随烟墩海风散去……

烟墩海民宿希望带给旅人们一片纯净的海洋。在这片海中，你可以找到自己内心的那片海，宁静、自在、欢愉。

烟墩海壹号院子是海南森林客栈的高端民宿子品牌。

在海南，提起民宿就绕不开森林客栈。森林客栈创立于2010年，是海南经营最早的现代客栈，第一家坐落在儋州两院植物园内。如今，有"森林客栈、海岛森林、烟墩海"三个品牌，五家分店分布在全岛旅游目的地，2016年被中国饭店业协会评为"全国十佳民宿客栈"。

森林客栈创办人冯清雄就出生在面朝南海的烟墩村。在外打拼30年后，冯清雄毅然回到自己魂牵梦萦的故乡，为远道而来的客官们打造了一处全新的"精神家园"——烟墩海壹号院子。

因父母外出谋生，他曾是我国最早的一批留守儿童。经营客栈的梦想，便是他在烟墩村从"胡思乱想"到最终梦想成真的结果。

多年来，冯清雄一直坚守在海南文旅酒店和客栈服务第一线，为游客讲述海南故事，传播海南文化。他秉承着"体验最海南，食用最绿色，娱乐最当地"的理念开始创业，在每一家客栈，冯清雄都希望为客人提供一个安放心灵的港湾。每一家客栈的选址和设计，他都会亲自参与，并向设计师和团队强调"设计感、体验感、亲切感"三感原则。

每年，他都会安排一笔经费，让森林叶子们"跳出

▲民宿长廊的简约设计

海南看海南，跳出国门看海南"，带大家去海内外游学，提升森林叶子们的视野和能力，致力于让森林每一片叶子都能健康快乐地成长。这些年来，他一直创办并经营着一座"森林城堡"，对于一个农家子弟来说，颇为不易，但他一直乐此不疲，并坚信，想钱的人是不会有钱的，只有想事，把事情做好了，自己才有价值。

冯清雄不仅是一位认真经营的创业者，还是一位热心公益的社会人。他关注社区、关爱儿童，坚持企业创办到哪里，哪里迎春跨年都要举办"城乡少年手拉手"公益活动。在繁忙的工作中，他还兼任了家乡龙滚镇教育文化促进会会长。2015年理科状元何声楷，2023年海南高考文科状元李惠荞都出自该镇，这让冯清雄颇为开心。

从乡村出发，从世界回来。冯清雄说，他敬佩台湾宜兰上门女婿赖青松，从日本读硕士毕业回来，放弃高雄大城市回到宜兰老婆家乡振种大米。因为赖的义举，这些年上百位世界各地慕名而来的年轻人都爱上了宜兰，并和赖一起在宜兰乡建、创业、享受惬意生活。还有南投的廖嘉展，参与南投大地震后重建并在纸教堂让村子里的少年自如地拉小提琴，这个画面一直烙印在冯清雄的脑海里，陪伴他这些年在创业路上前行。

受冯清雄返乡情怀的吸引，海南文创院房景峰院长和自偏设计院大建设计师，在烟墩村承租村民两套老房子打造的设计师民宿小院于2023年4月动工改造，2024年元旦和烟墩海壹号院子一起开门迎宾。民宿开业了，烟墩村孩子们的私塾同时也在烟墩海壹号院子播下种子，播下希望和未来。

把客人带到家里，这是一种情怀，也是一种勇气。冯清雄说："我是一位幸福的'追梦人'，人这一辈子就是要做自己喜欢的事。父母是'创一代'，我是'创二代'，我们跟着国家的改革开放政策，从烟墩村走出来，在海南岛四处创业，如今又回到出生地烟墩村创办首家民宿，我希望民宿这盏小灯所发出的莹莹微光，能变成温暖人心的光芒，激励更多海南人回到自己的故乡，从事乡村振兴工作，再造魅力新故乡。"

烟墩海壹号院子，承载的是一位游子深深的故乡情愫和原动力。

▲ 烟墩海壹号院子不远处的沙滩与大海

理想主义下的民宿

归山去

龙隐溪山　华雅

英国著名女作家弗吉尼亚·伍尔芙说："什么也不比写作更能让人明白自己的内心。"

在流行逃离城市回归自然的今天，我顺应潮流找到了属于自己的一方天地，带着花香，带着水汽，用宜兴紫砂泡了一壶热腾腾的茶，在独立沉静的天地看山看水。我沉浸在一个江南人独享的安逸与富饶中，也希望能用文字记录下这安静的片刻……

不知道你是否来过这里。

这里有茶田万顷，青草悄然生长，可能在水里，可能在岸上。四时繁花在枝头上笑靥绽颜，蒲公英的种子漫天飞舞，燕子的呢喃缠绵流转，夕阳里炊烟不绝。晚风吹过，菜地黄花显尽芳华，绿藤串挂嫩青瓜。天宽地空，时而能瞥见几个人影弯腰采摘。

这是我的家乡——宜兴，江苏南部，太湖西岸，古称阳羡，就是这样的一方天地，山水如墨染，细风绕指淌，可以让我静下心来，好好诉说这诗情画意……

我生于斯，长于斯。小时候的家乡不似现在这般"新"，现在建起了很多高楼大厦，唯有市区之外，几处小镇依旧山水环绕，保留着那份乡村原生态的小桥流水人家，每每假日，多的是"逃离城市"来此优游的人。

我的思绪慢慢润染开来，童年的记忆不断浮现。年月改变的不仅是家乡的面貌，也让儿时的记忆大多模糊不见。不过记忆深刻的还是那间砌着大灶膛的屋子，每

龙隐溪山

▲夜晚时分,龙隐溪山民宿亮着灯火的夜景

理想主义下的民宿

▲在民宿院子里能看到山上的阁楼

每外婆做饭时,我都喜欢打个下手。手里提溜着根火钳满屋跑,方寸柴膛仿佛成了我的阵地。我喜欢在泥土和砖块砌成的土灶头旁待着,用那晒得脱皮的干柴将自己紧紧围住,这块方寸之地安放着我的童年快乐。

我还喜欢往灶膛里扔几块红薯,静待片刻,红薯香甜的味道便弥漫了整个屋子,火膛闪烁的火苗印得我的脸庞通红,嘴里念叨着那课本上还未背透的诗句:"乡村四月闲人少,才了蚕桑又插田。" 听着火膛里柴草燃烧声和灶膛上外婆炒菜的声音,睡眼蒙眬……

恍惚间,仿佛做了一个很长的梦,醒来才发觉当初坐在灶膛里偷嘴的小女孩已到而立之年。光阴如梭,大学毕业之后,那萦绕在我心头的乡愁情正如那高山般屹立。我作出了我人生里第一个重大的选择,返乡创业!

随着时代的发展,城市不再是年轻人奋斗的唯一方向,在都市的繁华与乡村的宁静两个维度间,越来越多的人作出大为不同的特殊选择,那便是"返乡创业"。

其实不仅是就业和创业选择,就连旅游择向也发生了翻天覆地的转变。人们不再一味地选择出境或者繁华大都市,乡村山地旅游已经悄然盛行。向山里去,向高处去,这一潮流的出现并非偶然,而是根植于多方面的原因。这是一种生活方式的重新定义,大家都开始回归自己内心真正的所向,开始更好地审视自己的人生观和价值观。

木心说过:"万头攒动,火树银花之处,不必找我。如欲相见,我在各种悲喜交集处,能做的只是长途跋涉的归真返璞。"初读此句,那时太过年少并不明白其中奥义。想必只有在那在那万头攒动之处反复徘徊过,双眼被"火树银花"迷过才能明白什么是"长途跋涉的归真返璞",而这些珍贵的道理仿佛都有迹可循……

古往今来,多少文人墨客曾来到阳羡(宜兴),留下千古绝唱:

快意时,松风竹炉,提壶相呼;又或是,天子须尝阳羡茶,百草不敢先开花。

释怀时,十年归梦寄西风,此去真为田舍翁;又或是,阳羡在洞庭上,柑橘栽至易得。

豁然时,观水观山都废食,听风听雨不妨眠;又或者是,雁行灭没山横晚,渔艇空蒙水接天。

江南的情绪是多变的,不变的是江南骨子里的融和婉转。诗词歌赋记录了江南,也记录了我放不下的乡愁，浅睡将醒，展卷欲读，若不是这些诗词，这些情景，我竟不知家乡是如此富饶……

是呀，不如归乡去，不如归山去，深耕江南梦……

如是，大学毕业返乡的这几年，先生与我一起加入了乡村振兴的队伍。龙隐民宿品牌的建立一则便是在情怀之上，二则在服务之上。先生与我借助在城市里学习的管理经验，在保留乡村魅力的同时用新思维助推着乡村的文旅发展。

归山去，在张渚镇的金家村，开创了我们的第一家民宿酒店——龙隐江南；在湖㳇镇，开创了我们的第二家民宿酒店——龙隐溪山。都说无檐不成家，"瓦""檐"的设计我们都为这两家民宿酒店保留了。我最喜欢的还是记忆里的那个土灶头，所以先生与我将这一设计保留在了民宿里，欢快跳动的火苗唤起的是小时候的味道，香喷喷的一碗土灶菜饭满足了刻在基因里的思念。无论何时何地，我都希望寻求内心的那份心安、那份乡愁，这是我的江南梦，我也希望可以是大家的江南梦。

且向山水觅心安，烟火人间。

每个人生来茕茕活在这世上，为自己铸建一个遮风挡雨的四方天地以安身立命是本能，为自己寻求一个山水灵秀的自然之地"安心"又何尝不是一种本能？而我的家乡，似乎是个能天然满足这般需求的城。就到那宜兴的山里去，看山不是山，看水不是水，山水入眼帘，脑海便唤出苏东坡晚年定居于此，唤出梁祝传说在此被人传颂至今，唤出范蠡西施泛舟太湖的浪漫……

这里的山水窈窕，褶皱之间多的是可供探寻的痕迹……春日看繁花似锦，夏日听鸟虫啼鸣，秋日看落叶飘摇，冬日听雪水打湿屋檐，穿行于阳羡溪山的山林之间，踏实而平静。想来，我也不需要多奢华的空间来安放自己，于山林一隅伴山而坐，于山林日出而作、日落而息即可。这里，褪尽了繁都现代的色彩，描绘上独属江南水乡的线条，一片青山绿水，上下天光，碧波浩渺，宛若丹青未干，静如斯，我心亦如是，我想此刻的我应该是自由的，终于与内心的自己重逢，我归山林，见山，见自己，这便是我想要的生活了……

▲ 两位女士正在欣赏茶具

理想主义下的民宿

你好，禺谷

禺谷民宿 张兴全

"禺谷"，是传说中日落的地方。

在离成都车程半小时的锦江区三圣乡幸福梅林景区，我发现了我的"禺谷"。太阳东升西落，也需要在夜晚降落禺谷栖息，好积攒第二天升起的能量；在城市中忙忙碌碌的我们，也需要能让自己暂时停下来休息一下的地方，恢复恢复身心的疲累，才能继续在都市繁华中奔跑前进。

初冬午时，太阳从云层探出头，空气终于温暖起来。我踏入了禺谷民宿。禺谷的主体建筑是座木结构的两层小楼，别有韵味，它小心地围住了前院，像个迎面而来的拥抱。庭院中间有一方小小的池塘，里面浮着几片睡莲，凑近些，惊起几尾红色的小鱼，仿佛一幅水墨画卷。池塘上方有一条木板路，路边有几盏铁皮小灯，前方是个木质平台，种了一棵树，树上的叶子已然稀疏，带着从深秋走向初冬时还未褪去的驳杂色彩，散开的树枝像伞一样，下面还放着一桌一椅，点点叶子散在周围，深红透着浅黄。所谓岁月静好，大抵形容的就是这般景象了。

往深处走几步，拐角处还有条通幽小径。大小不一的石板与碎石完美融合，铺出一条小路，自然随性却不显凌乱。顺手扶了一下墙角的柱子，入手的感觉让人惊讶。确实是温润的木料，上面还有岁月留下的大大小小刻痕。

顺着外墙的楼梯前往二楼房间，内部宽敞明亮，温

◀ 禺谷民宿的大门

146

禺谷民宿

理想主义下的民宿

▲站在禹谷民宿的院落中心,能看清民宿的构造

柔的木质家具搭配着简洁的布艺沙发,床上还放了个卡通抱枕,温馨柔和,让人心旷神怡。窗户是落地式的,金黄的阳光就这样探进来,洒在了榻榻米上,装进了茶杯里。透过窗户往外看,远处低调的池塘在阳光的照耀下也活跃了几分,虽已入冬,池塘旁的竹丛和芭蕉仍绿意盎然。

放下行囊,我询问管家附近有什么好吃的,他向我推荐了不远处的院子。

确实不远,没走两步就看见了那个挂着"薛涛"牌子的院子。门口有张整块石头制成的桌子,配着四把旧时的矮椅,让人回想起小时候家里的小院——一张石桌、几把矮椅和家人围坐度过的无忧童年。

看过茂林修竹、走过小桥回廊,最后挑了一个能晒到太阳的位置坐下,静静享用我的午餐。

当朋友到来时,饭点已经过了,该是下午茶时间了。我们选择试试新上的"围炉煮茶"。

地点就在民宿二楼上看见的池塘旁边。那是一间茶坊,围着池塘有条栈桥。半是玻璃半是木料,池塘被细心围住,听说这是一池的荷花,我们来得不巧,现在已经是它们安睡的季节了。

坐在茶坊走廊上,感觉到头顶的阳光从炽热走向温柔。但这古朴的茶壶却一直热气腾腾,烤盘上摆满了桂圆、橘子、糍粑、红薯……再加上花生、红枣、薛涛干。

世间的所有温柔仿佛都在此刻呈现,阳光温暖而迷人,茶水的温度刚好,烤盘的小吃也算可口。我听着老友们的话,慢慢眯上眼睛。

在悠闲的下午茶时光里,我们分享着欢笑和故事,时间在这里留下刻度,这是匆忙生活后的一次休憩,更是人情的一次凝聚。

暖阳渐渐消逝,冬天的寒冷又回来了。和朋友商议了一下,决定去吃顿火锅暖和暖和。火锅店名叫"九条",也是一处清幽的院子,青砖瓦檐、木门庭石,天井中金黄的银杏缀满了一方小小的草坪。

天色早已暗沉,在二楼坐下看着桌前香气缭绕,墙外竹叶飘零。我格外偏爱二楼,一扇窗将两个场景框成一幅画,顺心而为,自然成境。我们在那里边聊边吃,漫无目的地从家长里短讲到国际局势,从天气晴暖聊到人生哲学……时间就这样被拉长了,往日精准无比的生

▲一位女士早起在休息区工作

▲民宿二楼可以边吃火锅边看风景

物钟早已怠惰。夜深了，菜早就吃完，不变的只有这个安静的小院、这锅味道十足的汤底，以及我们这群忘记时间流逝的人。

吃完一顿热气腾腾的火锅，回到民宿的院子里，听着夜里田园的声音入眠，那种舒适安宁的感觉让人陶醉。

在这片被自然和历史环绕的土地上，我找到了内心深处的平静和温暖。禹谷民宿的环境充满了意想不到的惊喜，无论是池塘上的睡莲，还是通幽小径，每一处都让人沉浸在如诗如画的氛围中。这里的一草一木，都仿佛有故事在诉说。

在这个不夜的城市里，禹谷成了一个下凹的小小港湾，城市的复杂生活从上空高速掠过，而那些简单的美好却在这里沉淀了下来。是的，美好的生活其实很简单，它自然、放松，需要用眼睛去观察、用耳朵去聆听、用心去感受。

早上醒来，只觉神清气爽。出门我就闻到了咖啡的香味，就像这清晨的雾气，朦胧却不容忽视。去隔壁端来一杯，坐在种着三角梅的花坛和砖瓦墙围出的角落里享用。

每天早晨我都有规划一天工作的习惯，今天早晨也本该如此，但是渐渐我的注意力却转移了。我听见一两声鸟啼，听见窸窸窣窣的虫鸣，听见有只小猫叫了几声近了又远，听见管家的扫帚扫开石板上的落叶，一下又一下……原本车来车往的嘈杂路上都改变不了的习惯，此刻却被干扰了，我听见，原来，万物都有自己的早晨。

思路被打断，却没有觉得烦躁，思绪渐渐放空，像卸下一些担子一般，我慢慢地放松了腰背，窝进椅子里。

其实没什么好规划的，今天没有要紧事，甚至可以挑一个自己喜欢的姿势一觉睡到被饥饿唤醒。

离城市不远却也感受到了大自然的美好与宁静。像这样的早晨日复一日地上演，说远一点，自古以来就是这样。只是我们长久地活在自己的小世界了，每每睁眼总是忘记去看看身边的事物。但这宁静的早晨却给了人一种忘掉焦虑的安稳力量。

休息好了再出发，"禹谷"是日落的地方，日落正是休息之刻，世人都爱朝阳的蓬勃，可正是有了日落之息，才有了充满活力的明日。自然宁和地休息，生机勃勃地再出发，这正是"禹谷"的意义所在。

理想主义下的民宿

▲ 壹栖壹宿的顶部风光

霞浦壹栖壹宿民宿

壹栖壹宿 one stay 郭弘

"看清了生命仓促，却依旧有很多动情。"
——题记

亲爱的你，这是一封来自山海间的邀请。

壹栖壹宿坐落在一片陡崖高处，采用了由上至下的建筑布局、错落有致的层叠拼接，建筑勇敢地大面积使用白色，简约现代是它特有的风格，更是霞浦的小圣托里尼。

民宿顶部是壹栖壹宿的咖啡吧，我们就从这里开始参观吧。

从顶部咖啡吧走过层叠的多级楼梯，视野豁然开朗，极具浪漫的秘境空间瞬间展开：网红无边泳池、室外的茶歇空间、大落地窗茶室、独立观景露台、千坪大草甸、天空之镜、水景喷泉……来过的朋友，少有能忍住不"哇"一声的，大家都惊艳于石阶之上的美景。借助于独特的地理环境，我们的设计师先抑后扬，让你的期许被放大，惊喜亦被放大。

我问过很多到访过的朋友，初遇壹栖壹宿是什么感觉？最被大家称赞的回答是：好像是一种遭遇一片灰暗过后，出现崭新的希望，更像是一种喜出望外的情境与感动。

同样，如果让大家选择最喜欢的壹栖壹宿的时刻，大家都会犯难。但我日日站在这里，也还是有一点偏爱，那就是傍晚时分。在夕阳余晖中，迷离扑朔的海岸线里渔船缓缓归港，海天一色，美不胜收，像是一幅画卷，时而恍惚，有时候不知道是人在景中走，还是景随人在动。这时的海面，折射出的光线与众不同，每一秒都有最特别、最唯一的颜色，足够给人满眼画意。远处海面上的方块形状是用毛竹围成的紫菜架，它们是渔民在海上种植紫菜用的，一块块呈矩阵形排列开，组成大面积的特有景观，不仅给视觉呈现别样的风趣，更无愧"霞浦海上牧场"的别称。三面围合、移步易景，与爱的人看最美世界的傍晚也好，只身一人躺在泳池旁的沙滩椅上也好，感受光影小镇晚霞的多变给朴实的生活亦平添了许多浪漫和趣味。

"落日朝阳，一期一会"，这是我们在民宿白墙上刻下的宣传语。因为我是福建人，爱喝茶，茶道语录中有"一期一会"，含义就是一种"难得相见，理当珍惜"的思想，于是我将这种思想沿用到民宿的设计策划中。我们每天接待来自五湖四海的客人，他们可能是第一次，

▲壹栖壹宿简约的设计与海洋相得益彰

也是最后一次来。在这里，彼此或许此刻聊得很开心，但是下一刻就各奔东西了。我们多遇见一个人，生命就会多一份交错和经历。落日朝阳更像是人一生时间的轮回。我认识到人生有诸多的无常，我们能做的就是用心对待每一次相遇，并且珍惜遇见。

壹栖壹宿源于我内心的写照，亦是一期一会，亦有一栖息一宿之意，我更想表达一种生活或者说为人处世的心态。在这里，您可以遇见可能是暂时放下家中老少，偷偷享受难得二人世界的夫妻；可能是逃避工作压力，结伴来体验一次计划外行程的好友；又可能是一位故事满满的独行侠……每个人都有自己的故事，而壹栖壹宿，就是这些故事的交汇之处。

在壹栖壹宿，舒服的体验是多重的，包括视觉的舒服、身体的舒服、精神的舒服，它们皆能融为一体。在精心设计的灯光、气味、湿度、触感下，每个地方都可以与环境融洽相处。客房基本是全海景视野，加上精心挑选的金可儿床垫、科勒智能卫浴、国际五星级酒店同级床品，还有马歇尔音响和husky复古冰箱，让来到这里的生活也变得时尚与便捷。

来壹栖壹宿，当然不仅仅是为了体验别有风情的山海，更重要的是享受温暖的服务与安心的入住。在壹栖壹宿空间中，人都是真性情，服务温暖而热情。这里的生活，与在家生活的温馨、闲适无异。

在这里，你可以不为景点而来。整日地，把时间浪费在享用茶香、聆听音乐上；去感受空间之奇，器物之美，还可以与很多有趣的人产生连接，有时候就这么待着不动，也能感觉日子充实，落眼处皆风景。如果你在城市有些乏了，想寻找一种舒适的小逃离，那来这儿，时刻面朝大海，感受春暖花开。

你看，春天的壹栖壹宿，满目青翠。"兰之猗猗，扬扬其香，不采而佩，于兰何伤。"无数的文人探索过春的奥秘，认为天地草木可以增添人生的运势。我在民宿庭院栽种植物，使得民宿的一亩方地更好地与自然结合，让你更加闲适舒服。

在自然造物的环境下，通过方块式的堆叠营造成的室中庭园，将壹栖壹宿打造成一个可以让客人享受自然赠予天趣的地方，大家在这里可以充分探索人间春色融入生活的意境，满怀无限希望。问如何去诠释生命的意

理想主义下的民宿

▲民宿里的游泳池

义？莫过于好好善待自己，投入自然的怀抱，进行一次真实的与自己心灵的独处，获得内心真实的愉快，感受人与自然的共生关系，放松心情，去博爱。壹栖壹宿缩小了崇山峻岭到咫尺之间的境界，因地制宜、借景取胜，更直接地获取一场自然给予人类的天趣，与自然进行一次约会。在这里的每一场经历、每一场邂逅都是为了完成美好生活的使命。

伴温暖午阳，海风吹过脸颊，即便仍有薄薄的凉意萦绕，但沿海美好风景足以将所有的不欢赶跑。此刻，慵懒地卧在躺椅上，窃听午春音袅袅，十分惬意。傍晚，在壹栖壹宿观景台，伴夕阳余晖，感叹春时乐赏，夏时幽赏，秋时清赏，冬时静赏。但似乎春时动赏，敢于奔赴春的约会更合适些。面对广袤大海，与自己和解，迎接最好的明天。

壹栖壹宿也有它都市时尚的一面。夜未央，柔和的灯光、慵懒的音乐，引人浮想联翩，可以到咖啡吧又或者是酒吧。那些来自五湖四海的朋友，聚在一块，分享着自己的经历。白驹过隙，人生应该更多地体会精致生活和多元化生活，这也是帮自己提升维度、视野的好方法。在这里，客人既可以在阳光餐厅享用一顿最原生态的海鲜饕餮，亦可以在咖啡吧点上一份精致的下午茶，邂逅一场心动落日。感受不同人的不同故事，偶尔也会遇到几个知心人，感受一拍即合之快。去感叹原来生活还可以有这样一种状态。

壹栖壹宿，就像一个温暖的港湾，在霞浦的山海之间静静守候。当我们的心变得辽远，这里将是一人的天涯，夕阳醉了这里的光阴，托举着春的风采，带着春的希望向我们走来。当夕阳挥洒，清风绕肩，日月最终也会在眉间微波漾漾；当你的梦想偶尔疲惫时，那你就带上梦想而来，和这静默的人间尤物共处，你会惊叹人生的希望，感叹人间值得。要观霞浦名胜，就在壹栖壹宿轻踏春日，纵观沿海美景，为你我布衣生活增添趣韵；欢迎诸位同好前来探访。在有风来、有花开的季节，在壹栖壹宿，自然是一种表白，它能还你一场天籁。入间雅室，安放心灵。我在这里堆丘壑、理清池、栽花木、叠怪石，邀君于一亩方地，坐享海景风光。

落日朝阳，一期一会；壹栖壹宿，等待着与您的每一次珍贵相遇。

▲民宿露台另一处吧台

▲ 石光长城民宿小院里的一角,春意盎然

▲透过树枝拍下屋内的布置

长城脚下，乡间庭院，有烟火气的诗和远方

石光长城　贺玉玲

从八达岭长城一路向东南，拐过几处90度回转山路，山野的气息扑面而来。深山中有着400多年历史的村落里，隐匿着一家精致的民宿——石光长城，在这里，斜风细雨，淡烟疏柳，得一处闲散幽静，度一场人间清欢……

有人问创始人的我，为什么要在这么远的深山里做民宿。我说，因为这里有长城、有历史、有文化。

这里是石峡关长城，有罗锅城、将军楼、鸳鸯楼、单边长城等一众残长城景观，也有距今1400余年的北齐长城，长城文化根深蒂固。2024年5月14日，习近平总书记给八达岭长城脚下石峡村的乡亲们回信，信里提到要"弘扬长城文化，讲好长城故事，带动更多人了解长城、保护长城，把祖先留下的这份珍贵财富世世代代传下去"。

在长城脚下，石光长城让更多人看得见山，望得见长城，记得住乡愁。

这里四面环山，入眼处皆是风景，步步都是故事。

沿着挂满灯笼的府西街，踩在石头砌成的路面上，每推开一扇木门，都是一个独具风格的小院。这里有四时之景——春居、冬隐、醉秋、幽夏；有自然之趣——听雨、树影；有浪漫之境——揽星、望月……每一座小院都慵懒而闲适，木与石这些源于自然的材质，让乡野的气息更加浓郁。

每一个民宿庭院都有一个故事，住进院子，我愿意与你分享那些过去的事。比如，揽星，一个原本是只有两间房的小院，房子承载了原主人的很多回忆，尽管老房子已破败不堪，但设计师们为了留住记忆，保留了房屋的后墙和木质主梁，用玻璃和钢结构让传

▲ 石光长城文化书店

▲ 石光长城咖啡馆

▲ 石光长城咖啡馆的招牌

▲ 石光长城的卧室结构

统与现代完美融合，打造了挑高 4 米、270°观景的精致小院，夜幕之下，打开电动天窗，繁星仿佛触手可及。

民宿庭院的每一个季节，都有其独特的美。春有海棠花开，可观春色满园；夏有凉风习习，可凭窗听雨；秋有漫山红叶，看明月千里；冬有天晚欲雪，且围炉煮茶。晨起听鸟鸣啾啾，夜来观星辰变幻。煮一壶茶，看云卷云舒，酌一杯酒，忘却尘世喧嚣。唱歌烤串，这样的生活多姿多彩。

想要记住一个地方，首先要记住它的味道。一道长城石烹宴，会聚了地方美食。招牌贺氏酱猪脸，软糯脱骨，肥而不腻的口感来自传承了 130 多年的传统手艺和老汤炖煮 8 小时的真材实料，在非遗的加持之下，让人吃了忘不了。花轿、小锣、充满仪式感的上菜方式，是乡村给到的不一样的美食享受。

民宿，不但要有美食，更要有生活。山光树影中的石光咖啡，我把用心融进了它的每个细节，从一把椅子到一盏杯子，都精益求精。精选优质咖啡豆，做出醇香的现磨咖啡，适合三五好友聚会聊天，也适合独自一人小憩，喝喝咖啡发发呆。这里也适合举办沙龙、生日宴、小型聚会，让时光慢下来，让人享受自然与生活，让每一次相聚都留下美好的回忆。

这里是灵魂的栖息地，石光长城文化书店有 8000 余册图书，其中上千册是关于长城文化的，将长城植入人们的心田。在落地窗前，一本书、一杯茶，足以伴你蹉跎整个下午。每一个追求品质的年轻人都能在这里找到属于自己的风景。

如果说咖啡馆和书店是现代时尚，那么村史博物馆就是历史演绎。在时光交错间，感受在地文化之美。长城文化、非遗、民俗文化在这里熠熠生辉。馆内有长城建造时期用的石夯、长城敌楼上的瓦片、建城石碑等文物，也有风箱、油灯、老收音机、老电话等老物件，徜徉其中仿佛穿越了时光。这里还是一座手工体验馆，非遗手工艺传承人把剪纸、布艺、皮雕、毛猴等老手艺变成了人人可以参与的民宿体验，了解传统文化的同时，也给自己留下一份美好的回忆。

府西街上不止有民宿，还有酒坊、油坊、石磨坊、茶坊、海棠坊。每一座工坊都是一份手工技艺的传承，在老师傅们的手中，留存下原来的味道，每一口都是唤醒味蕾的记忆。石光长城让传统归于平凡，却又展现出不平凡的一面。

石光长城用亲情、热情和感情感染着每一位客人，让大家都能感受到家的温馨。从预订到入住，管家会给您提供全程热情的服务，帮您量身定制行程，让您度过一个舒适、充实、美好的假期。在民宿里，您可以看到管家小娜为您精心准备的入住水果、精致的问候卡片和地区特色茶饮，每一套床品都是 80 纱支的精品，让睡眠更舒适。

"长城脚下过大年"是石光长城一年一度的传统活动，复刻了长城脚下明代屯兵时期的年节习俗，明代市集、将军巡边、花会跑小驴、河北梆子《三疑记》等板块让大家体验到了传统年俗的风情，用剪窗花、贴春联、包饺子展示了久违的年味儿。

这里是石光长城，摒弃了城市的喧嚣，是乡野间的世外桃源，在这里可以享受慢生活的美好，让度假充满仪式感。

▲民宿招牌贺氏酱猪脸

理想主义下的民宿

拓荒者的冰雪家园

缘来阁民宿　龚小宇

　　提起东北，人们脑海中率先浮现的往往是那纷纷扬扬、壮观而又绵密的雪。我土生土长在这片土地，于我而言，东北所蕴含的，远不止这寒冬的雪景，更有那连绵的山峦、潺潺的溪水、古朴的村庄与充满回忆的老宅，以及世世代代生活在这片黑土地上勤劳勇敢的拓荒者们。

　　我是一名大学老师，从记事起就经常陪同家人周末前往二龙山。那里山川如画，水清鱼跃，风景宜人，距离哈尔滨仅一个小时车程。来到自家小院，看着老人悠闲地在躺椅上摇晃，猫狗儿晒着太阳，鲜花盛开，青草随风摇曳，家人们围炉畅饮，夜晚星光璀璨，丰盛的饭菜香气扑鼻……真是人间烟火最抚慰人心。然而时间流转，老宅也只留下了回忆。再次回到这片熟悉的土地，面对那巍峨的青山，内心无限感慨，总觉得应该恢复它应有的样子，重拾温度，让更多人感受这种质朴的田园生活，恢复内心的宁静与豁达。

　　老宅在岁月的侵蚀下日渐破旧，宛如一位迟暮的老者，默默等待着命运的终章。然而，它却承载了我童年无数珍贵的记忆，院中有棵古老的杏树，每至金秋，满树金黄的果子摇曳生姿，那曾是我儿时最爱的味道；堂屋里那把摇摇晃晃的躺椅，是我夏日午后纳凉读书的惬意角落……

　　我坚信老宅一定不会在时光中消失，于是决心让它重焕生机。我要打造一座独具魅力的房子，广迎四方宾朋。只要大家喜欢并愿意停留，趁我青春尚好，就会在自家民宿款待五湖四海的朋友，为他们讲述东北的传奇与故事；待我垂垂老矣，无须远游，每一位走进静野缘来阁民宿的朋友，都将成为我的眼、我的耳和我的世界，为我诉说这大千世界的万般芳华。怀揣着对往昔生活的眷恋与对未来生活的憧憬，我选择回乡创业，将老宅翻

▲ 缘来阁民宿

建成了一家有温度的民宿，让它焕发新生，伴我们过上有灵魂的生活。

翻新过程中，我在保留老宅原始风貌的基础上融入了现代元素，运用的是环保安全的新型材料，全面改造了供暖系统，响应国家号召，采用高热燃值全环保的燃料，确保室内温暖如春，即便在东北最为寒冷的时节，也能让宾客感受到融融暖意。有了优质的供暖保障，便可在大厅与卧室安装全景落地窗，这在东北实属难得，住客可在窗前尽情饱览那震撼人心的北国雪景。餐厅与室外设置温暖的围炉，让朋友们在领略完东北的山珍美食之际，也能领略东北取暖文化的十足韵味，品尝万物皆可烤的神奇美味。

我打破原有空间布局，将两栋独立的房屋主体巧妙嫁接融合，重新构建地基，使其相互联动，精心打造出一间可仰观天际、俯察雨落的茶室。每当下雨时分，静坐其中，品茗观雨。雨滴洒落在天窗上，仿若诗意流淌，为心灵开辟出一方宁静的港湾。

焕然一新的老宅就这样重生了，青瓦白墙并不是黑土地上常见的风格，这是我心中憧憬的模样——我的白衣不在江南，我的北方也清欢。远离城市的喧嚣纷扰，在这梦想的小院里与草木为邻，与大自然相伴。

我为它取了一个温馨的小名——缘来阁（即所有缘分皆为小院而来），后因"缘"字注册为静野院落民宿。这里不仅留存着我儿时对大自然和田园生活的珍贵记忆，更是我渴望与众人分享美好时光的心灵归所。因此，民宿便有了句大家都很喜爱的宣传语：有缘寻来，就是最好的安排。

春分那天，站在庭院里看冰凌消融，我忽然明白，自己重建的不只是老宅，更是一片精神原乡，是白山黑水间永不冻结的守望。

在这片承载过共和国长子荣耀的土地上，先辈们用脚步丈量过的征途，正在被像我一样的新时代东北青年重新定义。那些曾被风雪掩埋的故事，也将在冻土下生出新的根系，迎来灿烂的春天。

我与大山日日对话，大山赋予我无穷的力量，我愿将这份宁静、喜悦和祥和分享出去，愿所有来过的人都能带着力量重返日常生活，分享喜悦给更多人。

有朋友来，只要我在，必定亲往相迎。"初是异客，住下便是主人，再来已是老友"，凭借这份理念，缘来阁已拥有太多太多的知心老友。傍晚时分，我会精心挑选形态优美、完整的叶子，写上"晚安""吉祥"一类的祝福语，置于客房之中，祈愿朋友们夜夜好梦，日日欢喜。

民宿还有一位特殊的主人——管家阿姨朱姨。

▲"缘来阁"客厅

▲在海边撒欢

▲落地窗旁的休息区

▲煮茶、烤水果

她原本是我家里的育婴员。一位外表不扬但内心刚毅、充满爱的女人，老伴因一次严重的车祸丧失了劳动能力，而庞大的救治费用使本不富裕的家庭再次受到重创，他们欠下巨款。看着老伴瘫痪在床，被宣布植物人的那一刻，朱姨伤心极了，但她并没有因此而放弃，她决定只要有一丝生的希望，都不会丢下老伴。

我深知，朱姨便是这片黑土地上人们质朴坚韧、重情重义的真实写照。我对她说："朱姨别怕，难关定能度过。未来我们共同经营小院，我会保证你们晚年幸福，衣食无忧。"看到那一刻朱姨坚定的眼神，我们都哭了。值得开心的是，在我们的共同努力下，小院火了。朱姨的老伴也站了起来，连医生都赞叹真是医学奇迹。

特殊时期的3年里，我与朱姨相互扶持，彼此信赖。我坚信，用爱创造奇迹的人一定能携手同行，将这方空间营造成充满爱意的温馨之所，让每位访客都能真切感受到这份浓浓的乡土温情。

我对桃花情有独钟，所以在小院种下桃树，相信桃花树下是结缘的地方。在桃树下，朋友们分享着各自的精彩故事。首批援鄂归来的最美护士在此留言："放弃不难，但坚持很酷。"从南方带女儿回乡看雪的母女，在淡蓝色的冰湖上撒欢奔跑。有人说这里仿佛世外桃源，能让人忘却尘世纷扰；有人说这里宛如时光机，带他们回溯纯真童年。

它承载着往昔的快乐记忆，如今也孕育着新时代的梦想——从一座老宅出发，播撒幸福的种子，让缘来有"山"、缘来有"海"、缘来有"梦"的美好愿景，在不同的远方生根发芽，绽放出一系列心灵家园之花。

未来的东北乡村，不会再是被遗忘的角落，而将成为独特而迷人的理想之地。通过"共建、共治、共享"，我们搭建起广阔的共创平台，诚邀有温度、有理想、有创意的青年回归这片热土。这里将成为城市人向往的乡村会客厅，有田园风光的惬意，有传统民俗的韵味，更有现代舒适的体验。

身为闯关东拓荒者的后裔，我们体内流淌着坚韧不拔与勇于创新的热血，肩头担负着历史的使命。梦想虽远，却也朴素，需要我们脚踏实地去完成。从老宅翻建开始，用心去规划每一处角落，以敬畏之心雕琢每一处细节，让每一片青瓦、每一块方砖都铭刻对未来的笃定信念；积极引入新理念、新技术，发展特色农业乡村文旅，让城市人回归乡村成为"新村民"。

为了让乡亲们的钱袋子鼓起来，脸上笑容多起来，让乡村文化真正"活"起来，我们并肩携手，传承希望，在这片珍贵的黑土地上，浇灌着理想之花。

▲卧室的床

▲大厅的小摆件

▲民宿宣传海报

理想主义下的民宿

▲既白民宿俯瞰全图

▲既白民宿外景

矿山上的果园

既白民宿　周松

既白民宿，位于重庆近郊北碚静观镇的山顶小村里，距离机场 30 分钟车程，是一个地地道道在山里的民宿。从静观开车直到山顶也就十多分钟，从重庆中心解放碑开车过来刚好一个小时！

北碚是重庆的后花园，既白是北碚 1314 乡村旅游环线上的一部分，在这条乡村旅游环线上可见各种村落。

既白民宿的房前是层峦叠嶂的山岭，云山环绕，苍松滴翠；屋后有 300 多亩的果林簇拥。也许你很难想象这是从一个荒凉的山顶矿坑变成的乡村生活体验场，它也是乡村美好故事的集合地！

2017 年以前，这里光秃秃的，灰白色乱石满地都是。村民大多是老人。2017 年春天，我跟先生在废弃矿山上种下第一棵果树，开始生态治理和修复。随后 4 年时间，李树、桃树、柑橘、樱桃等果树开始成林，春夏秋冬都能收获不同的惊喜，我们开始在这里打造自己的家园——修楼、种草、植树、造林、栽花、布景。现在很难想象当初这里荒芜矿山的样子，不过在那片陡立的悬崖还能看到过去开山采石留下的"疤痕"。

民宿起步并不难，我们认为具体做什么事并不那么重要，身处何地也并不关键，最重要的是我们的热爱，还有陪在身边的人，分清自己内心真正想要的和欲望的区别。4 年间，这里经历了一场蜕变。这片土地不再是那个无头苍蝇般乱撞的懵懂存在，小山村宁静的氛围给予了它沉淀的力量。村里的所有都成为滋养我们成长的养分。

山里的微风轻柔地拂过脸颊，吹过周围茂密的果林，发出"唰唰"的声响，手捧一杯拿铁，看云卷云舒、月升日落——我们取苏轼《赤壁赋》中名句"相与枕藉乎舟中,不知东方之既白"中"既白"二字为民宿命名,沾沾苏轼先生的闲适意境,也作为对我们做事投入或者乐在其中,忘记时间的形容。同时,我们也希望每一位来客都会在既白暂时忘却快节奏的忙碌,收获最美好、最契合的安排。

既白民宿一共3层,一楼是公共区域,包括前厅、客厅和餐厅,餐厅、客厅外面是一个超级大的紫藤草坪,被银杏林环绕,草坪中央有一棵上百年的老紫藤,花开时节,落英缤纷;民宿前厅的精致小花园里有一条老石板铺就的花径,四季更迭,繁花不断。

草坪外面有一处观景平台,可以看日出日落,观云卷云舒,什么都不想,就泡上一杯茶,和朋友在这里喝喝茶、聊聊天,哪怕一个人拿上一本书坐在这里慢慢看,都是非常惬意的事情。

民宿的二楼有一个游泳池,泳池不大,却精致宜人,供大家嬉戏山间,那潋滟的水色真的让人感觉风景独好。

民宿后山的300亩果林,一年四季硕果满园。后花园山顶上有一个大草坪,夏日夜晚满天繁星,浪漫至极。

我们创造了一个纯粹乡村生活的体验场:打糍粑、喝刨猪汤、放烟花、林下抓鸡捡蛋、赶集、淘农货,找寻一些儿时美好记忆;沏一杯工夫茶,喝一杯手冲咖啡;在书吧选一本书,阅读,放空或是围着民宿拍一组时尚大片,刷爆朋友圈、小红书。

在民宿待腻了,周边可以去的地方还有很多,静观的千年古刹塔坪寺可寻幽访胜,静观老街可品尝豆花烧白老腊肉,还有静观最好吃的网红美食。15公里外是重庆十

▲民宿客厅和餐厅

▲民宿外的花径和客厅插花特写

大古镇之一的偏岩古镇，远远看过去偏岩古镇很有江南的味道。

很多人向往在静谧的山林间品味惬意的慢生活，这里恰好可以满足这种需求。既白民宿有9个房间，最大的房间110平方米，最小的50多平方米。每个房间都配有独立花园、阳台等空间。房间内按超五星酒店标准打造，创造出一种全新的乡村生活体验场。在这里和大自然亲密接触，既有城市的舒适，也有乡村的温度。

民宿提供早餐、午餐及晚餐服务，大家可以去地里采摘，我们会用当地最新鲜的食材烹饪：当季山货、土猪肉特产，有机绿色蔬菜水果，以本地方式结合现代烹饪技巧，做出的美食原始又精致，吃得新鲜放心之余，又能保证水准和品质。

如果你喜欢体验乡土快乐，那么劳动的味道更甜蜜。

4年，我们向下扎根，拥有了既白梦中乡村的版图：山顶小村变成了乡村产业的体验。真正实现了可以在小村过上幸福生活。

我们有遇见·既白（住宿区）、既白·山驿餐厅、既白·山驿咖啡厅（小村公共图书馆）、矿山果园里的又见鸡黍柴火鸡、既白·矿野研学社、矿野篮球场（村民文化活动中心），所以只需用心，踏踏实实前行，前路是布满荆棘还是铺满鲜花，路上再说。每一次都把它当一颗种子重新种下，持续耕耘，一定会开出属于我们的花。

保持那份初心和对未来的期待，我们会坚定地追寻越来越清晰的目标，并在这个过程中绽放出自己的光芒。

▲既白民宿的夜景

▲自在茶舍外的小路

一茶，一食，于自在

自在茶舍　畅志东

　　人山人海，人来人往，自尊自爱，自由自在，远处云，近处水，自在相逢，顿时心安，何时自在？一茶，一食，于自在。

——题记

　　把生活和自在融合，是我们的一种生活愿景。我们深感现代人为工作生活奔波的疲劳，我们想做的是抚慰每一个疲惫的身心，让一种好的生活方式进入我们的日常，让客人慢下来，过上心灵得以安眠的自在生活。

　　我们有泉林之心，从而选择了大隐隐于市，不让愿景落为空想。所以我们在北京和天津两座大城市之间、廊坊的核心政治商务中心地带，在楼宇内部构建了自在天地。从精神、物质层面出发，从大自然的馈赠里我们提炼出三大核心"茶歇、蔬食、民宿"，与自在生活融为一体。

　　居于闹市的门脸，没有夸张的装饰，而是自然简朴，并不刻意出挑。待上楼来，时空转换，绿植与暗沉系灯光交织出的自然意境，瞬间将城市的喧嚣隔绝在外。空气中弥漫着自然的气息，让身心在踏入的瞬间便得到了放松。

　　被打通的楼层空间，足足有1800平方米，除了精心布置了12个房间和9个茶室之外，都用于营建宽敞的公共空间，有水系景观环绕，依中国传统庭院标准，造溪涧以亲水，种花草以闻花香，引鸟以听天籁之声，人至其中，观嫩芽出、花儿开，在园林小栖，享片刻宁静，闻大自然之声。

　　民宿中心是水晶平台，厢房围绕着水景而建，茶间有如漂浮的盒子，让人仿佛置身于布满茂盛植被的城市绿洲。撑开栅格窗户，便能欣赏仙池景观，流淌的水声，洗去城市的烦乱，这种感觉自然而静谧，让人有恍如隔世到了世外仙境之感。

▲自在茶舍中心的泉水和厢房

理想主义下的民宿

▲自在茶舍的餐厅

"苔痕上阶绿，草色入帘青"的意境，在这里重现。草色青葱、悠悠白云，映入帘中，让人顿时心灵沉静，怡然自得。与大自然为邻，依山傍水，可观室外云卷云舒，可躺沙发与友人畅谈。

自在茶舍，顾名思义，茶是这里的灵魂之一。每间茶室都围绕着中庭景观而建，这里既可品茶，又可就餐，一举两得。点上一壶香茗，邀上三两好友，围坐在茶桌旁，看茶叶在水中舒展，听水流潺潺，感受时光的悠然。

茶歇，于自在茶舍而言，不仅是一种休闲方式，更是一种精神寄托。在这里，品茶如品人，品茶又如品人生。一杯淡茶，承载着平淡脱俗的生活理念，可以让人们在茶的甘甜中体会人生、感悟生活，收获精神上的满足。

吃自在茶舍蔬食，是我们推崇的生活方式之一。我们倡导健康自然的生活与饮食理念，所用食材皆来自大自然的馈赠，无工业污染，纯天然。在这里，你可以品尝到新鲜的蔬菜，搭配上大厨们精心烹饪的手法，每一口都是对味蕾的极致呵护，也是对健康生活的完美诠释。

在这有山有水的美景中，12个功能齐全的客房设计各具特色，既有日式的榻榻米风格，又有中式复古的禅意之风。卧室与茶室分开，小轩窗可梳妆，窗外绿植环绕，流水潺潺，清雾袅袅，营造出如诗如画的意境，让客人拥有现代与自然结合的舒适体验。

你来，我们有贴心准备；你去，我们提供周到的送别，每一位自在茶舍的工作人员都以最真诚的笑容和最热情的态度，为你提供着无微不至的服务。除了茶歇，我们还提供一些特色服务，如免费穿汉服拍照、赠送伴手礼等，让你的体验更加丰富多样。

当夜幕降临，自在茶舍民宿更显宁静与神秘。坐在民宿的庭院中，抬头仰望星空，耳边是虫鸣与水流声交织的自然乐章，此刻，所有的烦恼与疲惫都随风而去。在这里，你可以暂时忘却生活的压力，放慢脚步，享受一段只属于自己的悠然时光。

自在茶舍，不仅仅是一处民宿，更是一种生活态度。它让每一位到访者都可在这里找到心灵的归处，体验到生活的本真与美好。我们希望通过这处民宿，来缓解作者的精神压力，让生活与自在完美结合，为每一个热爱生活的人提供纯粹而又自在的体验方式，让生活节奏慢下来，去品味舒畅自在的时光。

▲ 自在茶舍的客房

▲ 自在茶舍提供拍照的特供椅和照片墙

班莫的家

贰喜·班莫的家　班莫

我叫班莫，几年前在一对汉族夫妇的无私资助和精心打造下，办了一家民宿。我的老公叫二西，我们育有一对龙凤胎，综合老公名字谐音和两个可爱宝贝的名字，我们给民宿取名"贰喜·班莫的家"。我的家在四川省甘孜藏族自治州丹巴县中路藏寨。"中路"是藏语音译的，意思是"人和神仙向往的地方"。相传，我们的祖先在西藏向外迁徙时，代表神旨意的喇嘛给了迁徙者一只羊，说："你带着羊走，羊死在哪里，哪里便是你的新家。"先人就这样在此地定居下来，将这里取名为"中路"。

这里有蜿蜒的小金川河谷，有高耸入云的墨尔多神山，高天流云之下，红墙金顶的寺庙、沧桑凝重的碉楼与独特的白色藏式民居散落在翡翠般的青草绿树之中，因此得到了"最美的古碉藏寨"的美名。中路安静古朴，有与世隔绝的美，置身其中犹如到了世外桃源。

从丹巴县城往小金方向几公里，沿着小金川河谷，过桥沿盘山公路蜿蜒上行就能到中路。以前路况极差，人迹罕至，仅有极少数户外运动和摄影发烧友涉足，也因此，中路藏寨基本保持一种原始自然的状态。在20多年前《中国国家地理》杂志的"选美中国"评选，以中路藏寨为代表的丹巴藏寨被评为乡村古镇类总排第一名，由此逐渐被人们所知。政府现为我们修建了全新的沥青环形旅游公路，通行情况大为改善。

沿公路爬上半山，突见平坦开阔地，一幅巨型的图像会展现在你眼前：一幢幢白色的三四层石砌藏楼，依山就势，分散在庄稼地旁，鲜花丛中，绿树林间；眼前几十座或远或近、或高或低、或全或残、或方或棱的古碉楼，屹然矗立，让人心生肃然。画面和谐生动、朴实自然，好似亘古未变。

我们家在藏寨的高处，沿新旅游公路上行可直达大门，靠近三号全景观景台。家中多个观景平台和各个房间阳台都可以俯瞰整个古寨全貌，上下左右绝美风景尽收眼底，美不胜收，故被称为"中路之眼"。

院子里种了好多花草果木，还有不少是陪伴我们家几代人的参天大树，包括核桃、梨树、苹果、樱桃、李子等。各色花草更是遍布庭院的各个角落，春夏季节时百种花卉争相斗艳，次第绽放，宛如大型花圃，因此得了一个与洋画家相关的别名"莫的花园"。

我家景观设计和综合配套的特色如下。

三级山泉流池＋六大观景平台＋九个公共空间，打造极致体验之乡村美奢酒店。

出屋可望神山，瞰藏寨，数碉楼，观落日，拍星河，采蘑菇，摘野花，喂塘鱼，打篮球。

入室则享美食，品香茶，磨咖啡，读好书，听音乐，抄心经，转经筒，撸猫狗，玩棋牌。

我们给客人准备的房间非常温馨。房门上刻着藏族吉祥八宝的不同图案，床头靠窗的位置有榻榻米式的品茶平台，墙上挂着藏族画家们亲绘的藏域风光水彩画和油画。阳台上绿叶扶疏，无框玻璃做围护，让美景触手可及，果实和你亲密无间，秋天还可体会在阳台摘食梨和核桃的快乐。

▲ 贰喜·班莫的家大门

理想主义下的民宿

▲春天的铭牌

▲夏天的民宿院落

春夏秋冬

▲民宿廊外的秋景

▲冬日里的民宿介绍碑

▲民宿客厅

▲民宿卧室

屋里有电动窗帘，有高端电器，床品也选用非常舒适的五星级酒店同品同款，卫生间配有松下智能马桶。乐家花洒等大牌卫具，提供24小时热水，洗漱用具挑选了质量最好的，牙刷头带有盒盖，使用后可方便带走，梳子是木质的，还带有小流苏。

我家房屋呈L形，由一座新楼和藏式旧房组成。一楼为餐厅和阳光茶室，二、三楼为4种不同户型的客房，四楼有3间星空房，专为那些喜欢数着流星许愿、枕着月光入梦的客户浪漫打造。新楼顶上有一个270°的无敌观景平台，是常来我家的摄影爱好者的最爱，非常方便拍摄藏寨全景、雪山神韵、落日晚霞，同时也是拍摄星河和星轨的最佳位置。旧楼屋顶除了几个有高度和角度的观景平台、书屋外，还有咖啡角和老房茶室，以及网红打卡点——原始杂物堆放区改造的L形转角观景廊吧。对了，还有老藏式抄经房。抄经总是能让人静心，希望大家远道而来，让疲惫的躯体休息的同时也能让灵魂寻得一份安宁。

我家位置高，又在南北中轴线上，所以视野绝佳。左前方的山外之山可见皑皑雪山延绵不断；右前方的天际线上，金字塔形的墨尔多神山跃然眼前；左下方自山顶纵贯而下的巨大原生植物带葱郁起伏，绿意蔓延，仅有几处藏房白色屋顶和彩色经幡点缀其间；右下方高地上有一座建筑闪着金光，那是古老的萨拉科寺，不时传出鼓号之声；正下方为寨子的中心地带，可以看到中路最古老、最集中的建筑群，不少是藏楼与碉楼合体，藏楼有三四百年，碉楼已有近千年了。我家后院就有座千年古碉，藏语音译过来叫"卡比碉"，意思就是所有碉楼的模板。每到野生菌季节我们都会带着客人一起去古碉旁边采摘野菌，如酸酸菌、苦苦菌、大角菇、拉拉菌……回去就着我家自己做的腊肉炒着吃，真的是太美味了！

不忙的时候，我喜欢把院子收拾得干干净净、漂漂亮亮、赏心悦目，让大家来时能神清气爽。

民宿主要由我们一家人自己打理，哦，还有一只金毛和一只非常黏人的小猫，我们整天忙忙碌碌的，就让它们好好地陪伴大家吧！

我会做一手不错的川味家常菜，得到了大家的不少夸赞，都说我做菜好吃极了。其实我就是用本地种植的蔬菜、本地喂养的猪啊鸡啊，这些很好的食材，加上山上作物制成的调味油料制作而成，我不过是拿出最原始、最绿色、最生态的东西来招待大家而已。大家吃好睡好，才能更好地去欣赏我们美丽的藏寨啊。

我们丹巴素有"美人谷"之称，大家经常问为什么我们的姑娘都是天生丽质？首先因为神山保佑，这里土地肥沃，山好水好，要感谢神灵指引我们的祖先来到这里。

其次要说说我们嘉绒藏族的祖先，这也是我们多出美女的原因吧。相传，我们的祖先是唐朝时东女国女王，作为女王的后裔，我们自然就将美丽的基因与高贵的气质遗传了下来。我们把墨尔多神山周围地区称为"嘉莫查瓦绒"，"嘉莫"是指女王，"查瓦绒"的意思是"河谷"，合起来就是"女王的河谷"。后人将"嘉莫查瓦绒"一词简化，选取头尾两个字叫"嘉绒"，这也是我们嘉绒藏族名字的来由。

有美人，就有华美艳丽的嘉绒藏服，在我家可以穿它们去旅拍，真真切切地做一回中路藏寨人，让美好瞬间定格在你的记忆里。

我们这里春有白色梨花和粉色桃花，夏有野生蘑菇和满山野花，秋有红叶彩林和满树果实，冬有银装藏房和金色暖阳，每天看月升日落，观云翻雾绕，听鹊叫鸦鸣。若有时间在"班莫的家"停留，你一定会感叹：在人和神仙向往的地方，你就是神仙。

另外，我们受人玫瑰，必香手以继。爱要传递才有生命。将爱延续、让爱繁衍……所以，公益性免费接待，是班莫的家最独特的名片。有相关需求请与我们联系。

欢迎你来贰喜·班莫的家。

扎西得勒！

理想主义下的民宿

斜阳耒筑：
设计师的极致文艺和浪漫

斜阳耒筑·木兰　Lisa

　　斜阳耒筑是我们一群人"玩"出来的民宿。最初，我们一群建筑设计师和各种生活玩家聚在一起，提议要不要一起做一个民宿玩玩，便呼啦啦地拉着一群人，全国各地去住民宿，体验各种民宿生活。被誉为"民宿发源地"的莫干山，数得上的民宿都去参访和入住体验过，与民宿主人都成了朋友——我们的第一笔民宿基金，差不多都花在这上面了，大家的确住民宿住得很高兴。

　　于是，接下来考验我们的就是，看过这么多好的民宿，我们的民宿应该做成什么样子呢？

　　我们在武汉周边开始漫无目的地游山玩水起来，最后在木兰湖边发现了宝。

　　木兰湖有着"荆楚明珠"的美誉，湖区面积40平方公里，水面宽广，湖水澄清，碧波荡漾，湖中大小岛屿星罗棋布，漫长而蜿蜒的湖岸线串联出一百多幅各有特色的湖汊美景。

　　有一个湖湾里沉寂着4栋别墅。我们一眼看出这别墅的设计很有水平，极简的外形，考究的细节，引入湖景的超大通透落地窗，庭院布置精致，因地设置泳池。一打听，是一个地产商请日本设计团队设计的，但不知道为什么建造好了，没有装修就搁置了，这一搁置就是十年——分叉进来的道路都已被杂草掩盖。

　　团队里的设计师们一致决定，就是这里了。我们租下了位置最高的一栋别墅，改造了11间私密性极强的客房，选当地11个地名来命名，"白桥""陶田""甘棠""雨霖""小泉""塔耳""静山""青石""淳河""定远""木兰"，这些名字与窗外的风景相得益彰。

▲斜阳·耒筑的顶楼和旁边的木兰湖

　　一层的大厅，框架高挑，线条简约，整面玻璃墙巧妙地把室外的景物引入房内，让人的视野无限延展，厅堂变得更为通透；画墙、书柜点缀周围，一组布艺沙发搭配实木茶几，立于厅堂之中。斜阳耒筑的每一个角落都是通透的、开放的，你可以随时欣赏外面的风景，阳光如影随形。

　　无论是挑一本书，点一杯咖啡，还是冲一壶茶，几句闲话就能待到夕阳西下。等到斜阳来照，透亮的窗户上可以看到晚霞慢慢出现，天边的光线与白色窗帘的影子重叠开来，让人一时分不清是在屋里还是在屋外……如此美好，我们就用这最美好的时光命名吧，于是得"斜阳"二字。

　　"耒筑"便是设计师的文艺心了。就像形容最好的美食时总是说它是用最简单的烹饪方法做出来的，好的建筑、好的设计也应该如此。我们用纯然原始的设计，简单的工具，不多不少地让身体得以休憩，让自然得以融入，让那些充满能量的事物统统进来。

　　唯一稍显刻意的是，我们把沙滩搬上了屋顶，为的是给来的朋友一个意外的惊喜。而屋后的大树庭院，真是长久自然生长的荒野，我们只是保持了此地的干净而已，所以如果有小动物来访，不用感到奇怪，彼此相安，不用打扰。

　　这里有泳池、健身房、泡汤池、桑拿、SPA护理……我们希望让来这里的朋友身体得到松弛。大厨用本地食材做的私房菜，如排骨藕汤、红烧肉、清炒红苋菜、凉拌粉丝、韭菜鸡蛋锅贴、香煎糍粑等，绝对能抓住你的

理想主义下的民宿

胃。无论到了哪里，美食总是能第一时间捕获心。

改建过程中，我们又在蔡甸索河看到一块稻田，一处荷塘，以及荷塘旁边的一所老小学校旧址。它们隐匿于乡野之中，当斜阳西沉，光线饱满又柔和，将影子拉长，深情缱绻。

这次我们全新营建，错落设计了两栋白色小楼、一个泳池、一个小舞台，将一块草坪间插其中，构成丰富的动线，开门就能见山，还建了多个宽敞的露台天台，保留了乡村民宿的原始野趣，又完美融入现代设计理念。

这里遵循着四季规律，演奏着春夏轮回的乐章。置身无尽的山野之中，眼前的青绿无边无际。银色的露珠在阳光下闪烁，斑斓的光影折射出来，让人仿佛栖息在野外，拥有一间小屋、一壶好茶，细看树叶的轻颤和花苞的绽放。

依窗而望，风拂山林，薄雾渐退，城市生活渐渐消匿，远处几家田舍，袅升起几缕炊烟。缕缕金色的阳光洒在窗前的沙发上，房间里弥散着丝丝缕缕的植物香气。隔着沉默的山烟一眼望去，绿意深深浅浅，有水，有漫天的繁星，世间的美好环环拥抱，心安静了，世界就安静了。如此正好，在星光和稻香、荷香中入眠。

有时候，设计师文艺起来，真的就没有其他人什么事了。

在斜阳耒筑索河店的附近，我们又寻了三栋百年老宅，改造成了一个艺术空间。保留了原建筑的部分木梁

▲斜阳·耒筑一栋白色小楼

▲斜阳·耒筑客厅（索河店）

和石墙，让时间流淌的痕迹自然呈现。与此同时，又将多个空间打通，设置了一整面落地玻璃窗，将小院风景纳入。

不足15平方米的小院，墙面被爬山虎和风车茉莉包围，院中有一口老水缸和一棵枝丫斜逸的橘子树，据说这橘子树是屋主留下的，至少30岁了。坐在树下喝咖啡，风都是酸甜味儿的。

里屋增加了一面白色的墙，上面挂着设计师主理人和朋友收藏的画。这里不仅提供咖啡，还会组织画展、木艺课等丰富活动，糅合了箍桶、书画、剪纸、古琴、曲艺、茶事等传统文化元素。

说起主理人，他是我们的资深设计师小白老师，整天上山采花剪草，背回来插花装点艺术空间，得闲还会煮咖啡、画画、做美食——如果你能约得上的话，绝对能让你从眼睛、鼻子、嘴巴、舌头和胃都得到满足。

我们还会时不时呼朋唤友来一次吉他弹唱音乐会。人生漫漫，路上的一切也许比终点对我们更重要，何不时时按自己的心意来呢。

斜阳耒筑·索河店与邓家门32号艺术空间，共同构成了一个充满诗意与艺术的乡村度假胜地。在这里，你可以找到内心的宁静，可以放飞梦想的翅膀，可以与自然亲密相拥，可以与家人共享天伦之乐。这不仅是一次简单的旅行，更是一场关于生活、关于爱、关于梦想的奇妙旅程。

▲民宿正式的餐桌布置

▲民宿里屋的客厅（邓家门32号艺术空间）

原野之上：
恰好的距离，从城市回归原野

原野之上 刘昆 王倩

▲原野之上民宿侧视图

▲ 民宿周围的草坪和村落

原野之上

在繁忙的都市生活中,我们常常渴望逃离,寻找一片宁静的天地,让心灵得以休憩。

于是我们启程,一路驱车,驶过稻田乡野,穿行于一条细长又曲折蜿蜒的翠山路,终于抵达这处心灵栖息之所。在这片被大自然拥抱的土地上,竹屋、秋千、帐篷散落在绿地毯般的草地间,慵懒的田园气息在阳光下蒸腾,"原野之上"四个字随之映入眼帘。

原野之上位于广东中山五桂山旗溪村落。旗溪村带有"远离城市喧嚣"的标志,被香草和姜花环绕,在这里你随时可以抵达原野,开启"近野而向野"的探索。

清晨,当第一缕阳光透过窗帘的缝隙,轻轻地唤醒沉睡的梦,你便知道,在原野之上的一天开始了。

拉开窗帘那刻,金色微光已经将天空点亮,或许这就是黎明的具象。这里,没有城市的喧嚣,只有鸟鸣和微风的低语,以及远处山泉的潺潺声。

踩着石板路往里走,开始探索这喧嚣之外的秘境,每一步都能体会到自然与建筑的和谐,呼吸到清新的空气,感受到山间独有的宁静。

原野之上民宿,背倚溪涧山野,面迎竹林,眼望稻田,与自然共处的公区、超大绿地自由打卡空间、竹林小憩区、竹坞秘密花园……每一处空间都能让你感受到在原野的美好。

待到午后,坐在窗边,抬头望向窗外,近处是竹,远处是山,天边是云。大堂通透的空间让视线无限延伸,屋外的景色一览无遗,阳光洒落、微风轻拂,泳池水面泛起层层涟漪,更增添了一份豁然开朗,在这里能享受美食与美景的双重犒劳。

人生中总有一些时刻,需要被特殊记忆,在原野餐桌,感受一次自然之味。午后,是放松身心的最佳时刻。在瓦片屋檐下,轻风吹细雨飘,竹椅静静地讲述着悠闲的故事,午后的阳光温柔地斜照,光斑洒在温馨的茶室里,透过绿叶的缝隙,与其交换着柔和的问候,你可以拿上一本好书,静静地阅读;或者在原野中,享受一杯下午茶,与来自五湖四海的旅伴交流心得。这里的每一个角落,都能让你感受到闲适与放松。

傍晚,山间的日落是一天中不容错过的美景。你可以在原野的观景台上,观赏那绚烂的晚霞,感受一天的结束带来的宁静与满足。

"如果咖啡是一天的序曲,那酒就是终场的谢幕。"夜幕降临时,可以在原野小酒馆喝几杯喜欢的酒,停下

理想主义下的民宿

▲民宿棚子里的餐厅

来放空思绪。秋日，在微醺的世界里把自己还给自己。原野的宁静被星空的璀璨取代。在这里，你可以远离城市的光污染，清晰地看到满天星辰。民宿的安静与舒适，让你在星空下找到内心的平静。

有人说："慢才能品出生活的雅致，中国人的雅致生活追求的是一种闲适精致的生活态度。"当你远离都市，来到群山之间，观景之余，还可以尽情感受不同方式的慢节奏生活。

在原野之上，每一天都是对生活的一次深刻体验。这里是一个让你放慢脚步、感受生活美好的地方。无论是自然的馈赠、文化的熏染，还是生活的精致，这里都能满足你所有的期待。无拘无束，享受原野及周边一切与之相依偎的自然风光，满足你对美好生活的向往。我们期待你的到来，一起体验这份美好。

原野之上，是意社设计机构旗下独立生活方式品牌。它设计的不仅仅是一个场景，也不只是一个空间，更是一种生活方式，是产品之美、生活之美、生命之美。

它以实践美好生活场景为理念，打造可持续发展社区，通过不同的人、元素、场景、景观，融合在地文化与设计生活理念，表达城市与乡村、乡村与自然、自然与家庭、家庭与内心的美好关系。岭南常见的小盒子建筑加入剖屋顶的设计中，外立面墙色与橘色屋檐形成鲜明对比，阶梯剧场在设计时巧妙地利用了坡度高差，既是功能使用区亦是景观，打造出了多重场景。我们实现了从"游"到"居"、从实践者到共生者方式的演化，遵循城市近郊微生活度假目的地概念，分享从空间形态到美好生活内容、美好关系的理解与共生。原野之上是一种生活方式和生命状态，拥有恰到好处的距离，从城市回归原野是原野之上的初心理念，也是原野之上的品牌精神。

在城市近郊微度假生活方式理念的指导下，我们以可持续的方式重塑与传承自然与所有美好关系价值观，通过原野之上的品牌内容，融合在地文化与艺文设计，在自然生活的场域场景中设计艺文之美，让更多的人来到原野，回到原野。原野成立以来，独立承办及策划20余场艺文活动，如草地民谣音乐会、稻田交响会、溪涧爵士音乐会、落日市集、诗与远方诗歌音乐LIVE等，涵盖乡村公益、生活方式内容分享、世界音乐分享、传递自然美好等众多主题。

原野之上品牌旗下现有原野之居（精品民宿、精致露营）、原野之行（游牧行旅/探寻体验）、原野之集（市集沙龙、文创雅集）、原野之乐（艺文展陈/围炉夜话）、原野之习（自然教育、成长陪伴）、原野之味（咖啡小酒/私宴茶席）等多个衍生品牌，实现了生活方式体验、内容植入、文化传播，以及与所有一切发生联系，用场景表达自然之美，用艺术赋能美好生活。

▲夜晚的原野之上

理想主义下的民宿

▲栖隐岛居外的大海风景

在栖隐岛居
过向往生活

东壁岛栖隐岛居　余品琳

▲栖隐岛居的室外长桌和木椅

　　从小，就被父母教育要好好读书，走出穷乡僻壤，离开生长的地方——这座位于福清市最东边的海岛，去寻求自己的梦想，因为海那边有更美好的蓝图和未来。

　　11岁那年，我在这只有渡船和双脚作为交通工具的东壁岛念完小学，就出发去县城求学了，后来如期完成父母的心愿，做了城里人，并把父母接去同住，彻底离开了家乡。

　　到了2006年，一条长长的海堤把陆地和海岛连接了起来，出入岛从此有了陆路。父母总是念叨，要回老家看看，当年我出生的石头厝已经风蚀漏水，破旧成古迹了。为了完成父母的心愿，我拿出了自己的专业知识，改造了故乡的石头厝。

　　改建后的老房四周没有遮挡，开门见山也见海，屋前屋后被母亲种满花树和瓜果，还养了成群的鸡鸭，一切都回归了自然，回归了最初的状态，世外桃源的模样渐成，现在我称它为"栖隐小院"。每到周末节假日，我都会携家带口回来在小院里与兄弟姐妹享受乡村特有的惬意与放松，很多次我都在小院躺椅上不知不觉睡着了，任凭阳光微风闯进梦乡又如精灵般溜出来带我神游小岛。

　　疫情期间，回家次数更多了。我贪恋这里没有污染带着草木香的海边空气，喜欢看这里坚韧成长的漫山野山茶，以及古老却每年都会开花的龙舌兰和仙人掌，还有馋嘴了就有东家大嫂给海蛎，西家姐姐送小鱼的淳朴乡情；沉醉于站在自家的屋顶晨起看东边的日出，傍晚望西边的日落，北看郁郁葱葱一年不曾凋零的相思树林，南眺在蓝海碧波上不停旋转不知疲劳一直工作的"风电小子"。

　　出于设计职业本能，我不自觉地给村里的建筑做了分代。

　　一代建筑可以追溯到清代年间，木头红泥结构，有天井，四水归堂，有穿堂风，冬暖夏凉，太爷爷的爷爷也留了一栋给我们，童年时期跟着姐姐们在那玩跳绳玩纸牌、玩捉迷藏，看着伯姆婶婆打糍粑、磨米浆、炸海蛎饼，那可真是无忧无虑啊！前些年族人一起翻瓦漆木修缮，全方位保留了老屋的原貌，它们已成为省级保护文物。

当年一起玩耍的小伙伴现在天各一方，兄弟们就在这儿修了茶室、书屋、棋牌室，亲情总会在某个节点被联结起来，道不完说不尽那些陈年旧事和家长里短。

二代建筑是村民自垒自砌的石头厝，他们为了赶海出海方便，就在离海边不到五六分钟的山坡修建房子，由于当时交通不便，大家便就地取材，盖起石头厝，这种房子更能抵挡海岛上时而肆虐的台风、海潮等恶劣天气。依海生存是一件辛苦的差事，孩子们不愿意继承海上衣钵，统统跟着时代的潮流远走高飞，择良枝而栖，只留下这片石头厝，它们承载着厚重的过往，不言不语地将历史埋进记忆。

我打起了这些石头厝的主意。何不将它们改建成民宿呢？坚信人群中一定有和我同频的人，也喜欢来这里看海，来这里体验乡村小住的宁静。那就行动起来吧！村落北隅有7栋石头厝，就给它们取名"七彩院子"，旨在"在栖隐岛居，过向往生活"。几个月时间里，小伙伴们群策群力，租房、设计、动工、购物、布置等，一件件不厌其烦地得到落实，岛居终于有了理想中的样子。

我们用中国传统色彩为其命名，根据每栋楼的方位，以五行来对应五色体系，姚黄、月白、齐紫、青䑛、朱砂、青黛、麒麟，7幢主体建筑，7种颜色，是栖隐岛居最主要的居住场景。

"姚黄"是栖隐岛居的接待中心兼咖啡屋——隐咖。石墙、白色回廊、黄色桌椅，与蓝天绿树相衬。屋内设有咖啡厅、茶室、会议室等。

"月白"是栖隐岛居的多功能馆。设置有餐厅、棋牌室、理疗间、宴客包厢、会议室。"齐紫""青䑛""朱砂"是栖隐岛居的住宿区。"麒麟"是栖隐岛居的"轰趴"馆，有桌球、篮球投篮机、电竞室、室内KTV、棋牌室等娱乐设施及住宿房间。

与7座院子相配套的还有营地等设施。"栖营营地"里可以体验篝火、音乐会、烧烤、露天火锅、柴火灶、

▲栖隐岛居中的标志立牌

电影等项目。

"帐篷小院"提供了定制化的布置，是亲子露营的首选。"隐咖连廊"是抬头看天低头看海的绝佳位置。"野猫弄"是一条用海蛎壳铺成的林荫小路，通往私享海滩。"米显澳"是东壁岛观赏日出的最佳地方。

还有"手作工坊"，在这里可以亲手制作海岛美食，参与各种手工制作，也可以到"半农生活农场"种花种菜，体验农家的快乐。

2023年10月，我们热闹开业。承接过百人同学会、党建、团建、教育研学、生日会、求婚Party、亲子聚会、家庭聚会等各种主题活动。客人们来村里感受这座岛的魅力与温度，建筑与历史，人文和风情。

打卡拍照，乡村漫步，看看老宅，海边戏水，抓蟹捡螺，出海观光……沉寂许久的村庄复活了。

也许是我出生在农村的缘故，与大自然融合在一起更能让自己的情绪得到疏解。在这一年多时间里，每次回来，我都会加入忙碌的管家小哥们的劳作，铺草地，种花草，搬物件，搞创意，遛小狗，逗小猪。伙伴们开玩笑说我脱离主业了。在海风和烈日的双重洗礼下我变黑了，也变瘦了。暂离喧嚣，遁隐乡间，归园田居，这是我的心愿。如今，也算实现了一个框架。

特别喜欢在秋天，一个人沿着海蛎壳铺就的："野猫弄"小路走走，当年的"野猫弄"，杂树丛生，现在是一条幽静的步道，走到尽头，爬上峭石子山，去看看对面的黄官岛。峭石子山奇形怪状的岩石匍匐在山顶，千沟万壑、纵横交错的裂纹向人诉说着已经不知多少年的沧桑，几棵黑松听说是多年前飞机播种的，此时还在顽强生长着，潮来潮去，开花结果，松果落在地上，也鲜有新树长成。海浪轻柔地撞击着海岸，黄官岛前辈们开发了一半，码头无声屹立，靠近平潭大桥的货轮静静地停泊，海鸥上下翻飞，不经意间满载而归的渔船靠岸了。

我就想，等我老了，布衣还乡，白天就坐在小院的庭院伞下，喝一杯咖啡或者沏一壶茶，看云卷云舒，偷得浮生半日闲，再看看花草，跟着管家一起招呼客人，与他们聊聊岛居的前世今生；晚上看看远处的海面，夜的幕布一层层地拉上，直至黑漆漆一片，看繁星点点，看夜灯一盏盏亮起，闭眼听虫鸣鸟叫，畅想人生海海。

如果您喜欢，就一起来吧！

▲栖隐岛居的接待中心兼咖啡屋

▲民宿在城区中的俯瞰图

把平凡的日子过成诗

象山十方　杨天刚

　　故事的开头，都是想回家把老宅改造一下，准备退休养老。

　　我是宁波象山人，这里有熟悉的山海风景，有童年记忆里的星空、海滩、松弛的乡居生活，如果有一个舒服的房子，可以听海观星，那就十分满意了。

　　老宅的地基是标准的新农村用地，长22米，宽13米，按规定在地基上的建筑必须盖在正方形的10.5米×10.5米的范围内，限高也是10米。这是中国乡村最常见的宅基地面积，足以盖一栋在乡下喜闻乐见的欧式三层大别墅，或者是其他乡村别墅。一来我不喜这千篇一律的东西，村屋应该还可以是别的样子，二来这个时候，妻子怀上了小宝，退休计划也被打乱了。想着还得为孩子再奋斗几年，所以就把原本打算用作养老的房子改成了民宿。那么，在这长10米、宽10米、高10米的有限空间里，尽可能地提高土地的利用率，设计出更多的舒适房间，就是更实际的需要了。

　　于是，我找来设计师好友陆启水。陆启水这些年大量调研考察，汲取未有化石能源时各地民居打造舒适环境的淳朴智慧，总结出一系列兼顾建筑舒适性与环境友好的设计经验，其名为"低碳奢"理念，我也一直在暖通行业经营，所以很快我们达成了一个共同的愿望，建造一座全面践行"低碳奢"理念的优雅人居，通过建筑本身而非消耗能源打造舒适的室内环境。

▲象山十方的外景

理想主义下的民宿

▲ 象山十方的十方顶楼

"将日子过成诗"，简洁的描述是我与陆启水达成的共识，也是设计与生活相互成就的最好总结。

最终，陆启水给出了一张完美答卷：几何切割体型、镂空采光、下沉泳池，配备全屋智能化系统。

在 10 米 ×10 米 ×10 米这个虚拟的立方体空间内，民宿延展出最丰富的空间组合形式，赋予其超越用地限制的人居体验。内在的功能空间与外在的形体嵌合相统一，建筑仿佛一座立于质朴乡野上的纯白雕塑，用简洁优雅的语言概括出一间乡村民宿的最高价值。

背山面水的场地条件与精心设计的围护结构共同塑造了优良的小环境，节能的半地下泳池为客餐厅提供了开阔视野，巧妙的空间组织形式又对外体现为雕塑般的建筑形态，实现了实用价值与审美价值的统一。

从设计到完工，时间戏剧性地停留在 1001 个日夜。以低碳环保为设计理念，民宿在外观上植入现代美学和象山海洋元素，结构上通过半下沉式无边泳池、平屋顶休闲露台等创意，充分提高了空间利用率。这栋"看起来像美术馆"的白色村屋，成了茅洋村民的"观光打卡点"，还拿下国外多个建筑奖项，包括 2021 美国 IDA 国际设计大奖金奖、2021 伦敦设计奖精品酒店类银奖、2022 法国巴黎 DNA 设计大奖、2022 年世界建筑新闻网大奖金奖。

"长 10 米、宽 10 米、高 10 米，就是十立方呗，民宿不如就叫十方。"这个有趣的建议得到了所有人的认可。

"十方"的外立面通过几何切割的设计，分割成角度各异的多个切面。正立面采用特殊工艺做了镂空墙带，光线从砖块空隙间溢出，洒向楼梯间，改善了内部采光，让建筑的整体设计更具艺术感。等到晚上，灯光光线赋予了建筑一种游离现实之外的朦胧感。

客厅和餐厅的布局是个难题。由于建筑限高，面积也有限，3 层建筑勉强能挤出 6 个房间，考虑到要作为民宿经营，公区面积就有点捉襟见肘。我们便设计下挖了一个半地下室，用于安放客厅和餐厅。考虑到客餐厅的采光，半地下室安装了落地玻璃，正对着外部庭院的泳池。

泳池也相应地下沉，选材灰白色大理石，朝向客厅的一侧同样做了透明玻璃的设计，光线照进水面便会折射出迷人的翡翠色。泳池还配了水中逆流训练器，小小泳池也能让人游出在大海的运动量。

白色会客厅尽显简约，嵌入式的壁炉设计代替了原

▲象山十方的白色会客厅

本沉闷的非对称窗户与墙的关系。王一冷的画作，使空间层次明朗温润，冷静到克制的背后，满含丰富的生活细节。

家具、艺术品是空间承载的实质，也是空间建筑的目的，一切氛围的打造都是为了实现更诗意的生活。在十方，空间规划与视觉保持着功能主义的简约与果断，但空间色彩同时保留了多层次，恰如其分的点缀使生活间隙里藏着未知的惊喜。

一楼到三楼，每层两间客房，客房里使用的卫浴洁具是汉斯格雅和杜拉维特，床垫是金可儿，床上用品来自康乃馨，都是高端酒店的标配。

客房或直面泳池庭院，或可坐看山林。有鹤望兰种在方形水泥盆里，厚而宽的革质叶片含着一汪油润的绿意。顾长清瘦的江边刺葵垂着细狭的叶子，来一阵风，就婆娑起舞给你看。青色的天空不远不近地罩在山峦之上，像被浆洗过的书生儒衫，上面绣着一朵云纹。从窗口眺出去，一幅灵动的风景画。

四楼一半影音游乐区，一半户外露台，一面是山景，一面可眺远处滩涂。游走于生活的真实与艺术的幻境中，饱满的情绪、生活的哲理都埋藏于这极简主义的躯壳下，双目与内心各得其所。无论是在影音空间围坐观影或者卡拉 OK 一展歌喉，还是在户外吹风远眺，或者天气晴好时，一边围着 BBQ 烤箱烧烤，一边把酒言欢，都不亦乐乎！

民宿全屋配备了智能化系统：智能温控，自动窗帘及不同场景模式。从内到外，这个村屋都很不一样。

我相信，一栋超越现阶段应有水准的建筑，应以极简主义为表，以热衷生活、现实主义为里，以理念、艺术、自然为柱梁，最终处在诗画里。

城市里的房子寸金寸土，却未必能满足国人理想中"人间美好生活图鉴"的期望。乡居生活尽管惬意，却总会怀念起生活在城市里、生活在科技中的便捷与舒适。如何平衡两者，勾画一个真正的田园梦？

十方民宿结合山水、空间、人文的自然表达，通过现代科技和酒店专业标准来设定民宿的品质要求，为人们打造出了那样的避世桃源。

建筑大师安藤忠雄曾经说过："我相信人们的生活方式在某种程度上可以被建筑所改变。"

那会是什么样的建筑？

大抵是与山海相互仰慕，与时代同频共舞。

▲老河故事艺术山居位置

平武老河故事

老河故事艺术山居　冯妍

　　森林，古树，田园，溪流……坐落在北纬33°的四川省，绵阳市平武县高村这些都有。

　　第一次来到这里，是个有风的春天。山里湿润，空气里弥漫着盛夏来临前的最后一丝凉意。

　　听闻老河沟拥有"玉带缠腰"的美誉时，我们正走在泥泞不堪的路上。路很窄，但溪水潺潺，两边开满了海棠花。

　　那一年，民宿已经开建，到处机器轰鸣，尘土飞扬，隐隐约约地勾勒出一个理想国的轮廓。

　　蜿蜒曲折的河流，像古代官员的玉带一样，紧紧环绕着老河沟。

　　买下这块地的时候，它一片荒芜，河水混浊，杂草丛生。我们开山劈地，清理河道，一个不起眼的山沟沟，逐渐变成了欣喜的模样。

　　3年的筹建，除了诗和远方，民宿后来的故事，仿佛一部曲折的史诗。

　　当全世界都按下了暂停键，守住初衷显得尤为珍贵。直到看见周围的一切都在重生，看到他坚持着一步步靠近梦想，见证她亲手在园子里种下了一整个春天，我大概能理解，一切都是时光的礼物。热爱的，始终都会热爱着。

　　虽然满园春色在我离开的3月稍显迟到，但它终究没有缺席，最后宛如莫奈笔下的仙境一般呈现出来，百花齐放。

　　日落归山，晚风温润，一切都刚刚好。

　　2023年10月，我开启了一场归隐山野的旅居生涯，一半是香港，一半是四川。心静则智生，智生则事成，出发的意义，是想获得更多的内心平静。

　　我在很远的一座桥上找到了最佳拍摄民宿的位置，百般欣喜。闭上眼睛，聆听风的细碎，远山如黛，仿佛

▲民宿卫生间

▲民宿洗浴室俯拍

▲民宿卧室俯拍

▲民宿客厅

置身与世隔绝的仙境。

这样的日子纯粹真实，清澈透亮。回归山林的本意，从来都不应该是得到。

而是，断舍离。摆脱一切物质和情绪的束缚。

如果有一个地方在你到来时有人微笑着奔向你，那这里一定不会让你陌生。

远远迎接我的是一位穿着朴素的小姐姐，她像从故事里走出来的那般模样，热心地帮我拿行李，抿着嘴满脸羞涩的笑容，为这里注入了无限温度。

这大概也是客人告诉我们，为什么走进来会有一种莫名心安的原因吧。

我住在一栋童话般的木屋里，躲进山野，看云卷云舒，等日暮朝霞。3月的石板路上，回响着滴滴答答的雨声，宛如古老的琴弦被轻轻拨动着。

每个人都带着自己的故事来到民宿，在这破破烂烂的世界缝缝补补，内心却依然柔软而坚定。如同被岁月沉淀后的宝藏，我们迎来送往，也有了属于"老河故事"自己的故事。

最近，我读到的一本书里提到，人与人的遇见，就像一朵小小的涟漪，会慢慢缓缓地散开。这句话如春天般细润，治愈着我匆匆忙忙的脚步。

在这里，时间被无限放慢。我可能会忘记今天几号星期几，但却能感受到花开花谢，晨曦初现，暮色降临。你可以毫不费力地填满生活那些遗憾的缝隙。

几乎每个在城里奔波的人，都会有归隐山野的冲动。我常建议我的朋友，碌碌人生，得空一定要去山间漫步。在薄雾中行走，看满目苍翠，与草木同呼吸，听耳边自由的风吹。山中的一天，随意自在，什么都不做，心也跟着平静了下来。

或许，你也背负着太多的重担前行，那就来这里放下包袱，学着与自己独处。生活，其实有很多可能性，你想要的答案都在山里。

浮生听月落，闲时一盏茶。听虫鸣鸟叫，或是耕作于田间地头，或是品读于书房一隅。原来，生活是可以慢下来的。

这里，山脉之下，溪谷之畔，独立庭院。虽说在山里，但是地理位置相当优越，交通也极其方便。你可以带上你的故事，换一份宁静，一杯清茶，一个院子。

理想主义下的民宿

房间里的每一扇窗都像是一幅画。偏中式含有羊毛材质的地毯,密实柔软,不规则的晕染色系赋予房间不一样的调性。灯光色温调至最柔和的暖色光,尽可能地为你降低光照亮度。床垫按照身体的受力分布设计,回弹感承托住身体每一个部位,让人可以完全放松地入眠。

淡淡轻复古的床品,微微褶皱。有分量感但不压身,裹在身上松软亲肤透气,如芝士奶盖般绵密细腻,超柔体感定制面料的工艺处理,使其刚好贴合身体曲线,一整夜被幸福地包裹。

清晨睡到自然醒,一缕阳光透过树叶的缝隙洒下斑驳光影,满园鲜花散发着诗一般的浪漫。宁静朴素的生活本质得以回归,连常年困扰我的失眠也被治愈了。

我大概还记得,去深山打猕猴桃那日,天黑前精疲力竭地往山下赶。回到民宿,厨房早已为我们备好了热气腾腾的牛肉汤锅,小火土灶慢炖,一口汤的鲜美瞬间驱散了所有的疲惫。竹蒸笼端上来自制的烟熏香肠腊肉,新鲜采摘的野菜做成冷盘小吃,没有复杂的调味,却足以直达味蕾深处。

后来,辗转回到香港,也很少再遇到如此心动的味道了。

初夏,以食养身,轻油轻盐。餐厅基本上没有固定的菜单,餐食以地道农家菜为主,面对大山,是三五知己邀约户外用餐的绝佳选择。餐厅采用本地原生态时令食材,有自家菜园,能自给自足,且保留了朴实无华的烹饪方式。餐饮清淡,少思寡欲,把记忆留在清欢的食光里,如此自然便能回归到随心而生的状态。

餐厅名为"清欢",源自北宋文学家苏轼的《浣溪沙·细雨斜风作晓寒》中的"人间有味是清欢",与岁月相宜静好,日子平淡,却又清欢。民宿让每一位远道而来的食客都能吃到山里最质朴的味道,好好休息好好吃饭。四方食事,不过一碗人间烟火……所谓人间真正的有滋有味,还得是清淡的欢愉。

闲山书屋,犹如一本尘封的历史书,承载着男主理人曾经的梦想和坚持。淡雅的色调,古朴的原木书架,

▲冬天的民宿

超长的书桌仿佛一条蜿蜒的河流,穿越书吧的核心空间,将实用性与美感融为一体。从古典文学到现代小说,从哲学著作到科普读物……品味不一样的人生,窥探世间的万千风貌。

山里的书屋,寂寞安静,天生拥有原生自然的惬意。一定要找个角落驻足停留,专注自己的内心深处,拥有强大的精神世界,才足以抵挡外面的风风雨雨。

建设民宿以来,我们竭尽全力保留了后院朴树的原本形态,如今它苍翠挺立,古朴典雅。自然洗礼留下岁月的痕迹。时光,会重叠在一棵树上。这棵树也被赋予了特殊的意义,屹立在后院诠释着生命的顽强不屈。

回香港前,我端着相机想拍下当时密密麻麻挤在枝头的绿芽。尽管那时,还是3月的光景,但满树开权的枝丫,竞相挣扎着向上挺拔,我已大概能想到秋来的枝繁叶茂。

这座需要时间酝酿的后院,我已经能够想象,到了8月,当炎炎夏日的热浪逐渐退去,休沐之日如期而至,来这里小住几天,是何等惬意。

夜幕降临,暮春与初夏交替的夜晚星光点点,盘坐在拾光台,享受一场酣畅淋漓的山间美食。

品一杯红酒,在慵懒惬意的夜晚微醺摇摆。又或是在渐冷的傍晚开启一场私汤之旅,看远山起伏,栖身山野之中深深沉沉地入睡。

夜幕下的一场露天电影,伴着音乐和篝火,烧烤和啤酒,每个人都带着自己的故事而来,像是误闯入了一个小小的村落,灯火阑珊,炊烟袅袅,充满人间烟火气。

迎面吹来的山风,夹杂着季节的芬芳。城里太拥挤了,你应该穿过乡间的小路,去见山见云见河流,去看看漫山遍野开满的白色雏菊,伴着初夏的蝉鸣恍惚入梦。

醒来,撑起摇摇晃晃的岁月,仍迷恋着秋山夏色,百般情长,仍有勇气坦坦荡荡,赤脚奔跑。光阴,一定会懂你当时的深情。

▲夏日的民宿

▲秋天的民宿

理想主义下的民宿

在中国庭院过自在的生活

乡约美宿　高志君

　　浮生甚嚣，知音难觅，世人总想寻一处"桃花源"，了却乡愁，安放身体，流浪灵魂。

　　我们在青岛崂山北麓，寻得这样一处桃源胜地，于山而立，与桃结缘，阡陌交通，鸡犬相闻。暖暖远人村，依依墟里烟，于崂山北宅书院村中是为乡，乡是与家的并联，天南海北的美食在此相会，与家人共飨方能言欢；花开并蒂，水泛波澜是宜人的美，一颦一笑，都是景观，故名"乡约美宿"。

　　沿着被花簇拥的小道前行，直到遇见一丛鸢尾花倚门，宽敞的院落便出现了，方砖为路，木板做门，保留了原汁原味的乡野气息。院落里曲径通幽，田畦、池水错落有致。它对原本的院落做了不动声色的改造，保留了农家小院的味道，玉米木柴等常见的陈设，斑驳的木桌，幽静的果园，宽敞的草地……我们把心中对乡居最鲜明的记忆和想象都呈现了出来。

　　从院落往前走就是敞亮的大厅。我们想，来乡约美宿的朋友，大概也都有一些共同的特质，既然有缘刚巧在这么一个特定的时间在乡约美宿遇见，那么，怎么可能缺少一个舒适的交流空间呢？我们宁愿少做两个客房，也要把院落中最宽大的空间做成供大家交流活动的公共区域。

　　一张巨大的老船木长桌，稳重厚实，置一把壶，几个茶杯，大家可以围坐一起，泡上一壶茶，放松地聊聊天，看看风景。我们把这些年天南海北背回来的风格各异的东西都陈列了进来，并摆上鲜花或者干花，鲜花一周左右换一次，我们都喜欢有花的空间。

　　利用在乡野的便利条件，我们特别要求做一个真火壁炉，这样院子里的柴火也就有了实际的意义。等到秋冬，半赏烛光，半倚炉火，闲谈几句，如此惬意。眼前的生活，如此真实、温暖，你终于可以静下心来，烤个地瓜，喝杯热茶。这个年代的我们总在忙碌，脚步匆匆，假如时间能就此定格，或者慢一点流逝，多好。

　　吃完晚饭就着微微的炉火，还可以在沙发上小憩一会儿。我们还准备了银耳羹，喝上几口，保管让你暖胃暖心。

　　大厅的一侧，还有单独的办公区域，配有打印机等必备办公用品，满足了商务朋友的办公需求。

　　咖啡厅比较亮眼的是同样用老船木作台面，粗粝的石块和柴火作支撑的咖啡吧台。这里还有一张长榻，配上旧音响里播放的老歌，一股慵懒之意瞬间弥漫开来。如果你还有点迷茫在城市的喧嚣里，或者有些倦怠，那这样的气氛一定会让你的心灵栖息，慢慢放松，整个人得以宁静和淡然。

　　咖啡厅是对外开放的，希望朋友们有时间闲逛到这里，无论如何，都进来坐坐，喝一杯咖啡，看一看风景。

　　几百平方米的农家小院，在保留了原结构的基础上共打造了4间房。从二十四节气歌中截取春雨、芒夏、籣秋、冬雪为客房起了名字。

　　遵循舒适自然的设计理念，每一间都独具一格。这样的庭院，夏天苍翠生机，冬季萧索空寂，四季交替变更，在任何一个角落都能欣赏到不同的风景。

乡约美宿

▲乡约美宿外景

理想主义下的民宿

白廊木板清澈沉静，房间内，没有过多的装饰，一切都是以最贴合自然的目的打造而成。屋内选用了智能灯光管理，在不破坏氛围的情况下带给人舒适的体验。夜深静谧的深夜里，连上音箱放几首悠扬曲子，沏一壶清茶品尝苦涩中的回甘，安睡一夜没有一丝丝杂扰，日上三竿只想赖在床上不想起来。

"春雨"是拥有院子的独立客房，客房与庭院融为一体。推开木质小门，下几个台阶便是通透明亮的客房。房间尽头是改造后的大大落地窗，坐在窗边，饮一杯茶，可以看看远处的风景。极简风的家居陈设，大地色系的色调和装饰看上去非常舒服。

"芒夏"是最大的一间，也拥有独立的小院子。它整体布局分为3个部分，卧房、两侧的榻榻米和小客厅。房间最深处，便是可以抬头仰望天空的浴室。浴室顶部采用玻璃构造，可以一边洗浴，一遍抬头仰望夜晚的星空。它还有可以看到远处风景的小窗户。

"籣秋"是Loft的装修风格，简约风与地中海风混搭。简单的色调与温馨的家居非常相配，楼下是可以延伸的沙发床，在这里你可以和爱人、闺密、朋友一边看星星，一边畅聊人生。

"冬雪"不大不小、质朴无华，是非常有民国风情的一间房。开一盏灯，宿一晚宁静。

一间足够大且厨具齐全的厨房也是民宿必不可少的设施，喜欢做饭的来客，可以尽情大展拳脚。厨房共有4张餐桌，整个空间明亮舒适，木窗与竹子的搭配，让人仿佛身处江南水乡。

我们的特色美食是北宅炖大鹅，配上几道涮菜，在凉爽的山间，温度刚刚好。

每天我们都会给大家准备新鲜的水果，还有坚果零食。不过，我还是要推荐大家一定尝尝我们本地的柿子饼，那真的是超级好吃。

这里既有安静隐秘的房间可安歇，又有中西式餐饮供赏味，更有活泼温馨的篝火和音乐交织笑语。傍山而坐，品香茗风雅，踏青摘樱，倚山而居，看日升日落、云展云舒，安静而美好。

我们希望每一个来此的人，都能找到城市生活中久违的静谧与温暖。也希望你有一天，拉开窗帘，不着急洗漱上班而是沐浴阳光，伸个懒腰把这天的日子过出慵懒的味道。到时候我们就用故事就酒，像久别的老友那样谈天说地。

▲民宿的植物装饰

▲民宿的小狗、花、饮料

▲民宿的真火壁炉

乡约美宿

▲民宿卧室

▲民宿露营的帐篷

▲民宿外的向日葵田

197

理想主义下的民宿

附录：

索引

[北京·怀柔]
民宿名称：明明山居
民宿slogan：眼前是四季，手边是生活，一直致敬传统，永远热爱此刻
民宿地址：北京市怀柔区渤海镇大榛峪村响水湖长城自然风景区内
民宿主：滕婧
预约电话：13126808209

[北京·延庆]
民宿名称：石光长城
民宿slogan：让度假充满仪式感
民宿地址：北京市延庆区八达岭镇石峡村
民宿主：贺玉玲
预约电话：13910338149

[天津·蓟州]
民宿名称：壹拾贰乡宿
民宿slogan：壹宿一故事，拾贰归心处，一房一景一诗画！
民宿地址：天津市蓟州区下营镇刘庄子村1区58号
民宿主：赵国强（潮玥）
预约电话：17622715000

[河北·邯郸]
民宿名称：漫宁民宿
民宿slogan：漫享安宁
民宿地址：河北省武安市活水乡后渠村委会西行100米
民宿主：贡占宁
预约电话：0310-5976999

[河北·保定]
民宿名称：回山里
民宿slogan：回山里做几日山民
民宿地址：河北省保定市易县紫荆关镇坡下村79号
民宿主：孙砚民
预约电话：15030286636

[河北·廊坊]
民宿名称：自在茶舍
民宿slogan：自在是一种生活仪式
民宿地址：河北省廊坊市广阳区祥云南道孔雀汇景轩30号楼
民宿主：畅志东
预约电话：0316-2208855

[山西·晋城]
民宿名称：有风吹来奢宿
民宿slogan：卖出我们民宿独有的情绪和生活
民宿地址：山西省晋城市陵川县马圪当乡横水村
民宿主：祁云亮
预约电话：13593355055、18434616661

[黑龙江·哈尔滨]
民宿名称：缘来阁民宿
民宿slogan：有缘寻来 就是最好的安排
民宿地址：黑龙江省哈尔滨市二龙山风景区内
民宿主：龚小宇
预约电话：18845778815

[江苏·无锡]
民宿名称：龙隐溪山
民宿slogan：宜兴雅达 归山去
民宿地址：江苏省无锡市宜兴阳羡旅游度假区雅达小镇
民宿主：华雅
预约电话：0510-87770000

[浙江·莫干山]
民宿名称：莫上隐
民宿slogan：美好的东西都可以上瘾
民宿地址：浙江省湖州市德清县莫干山镇庙前村马坞里9号
民宿主：陈音
预约电话：18867890009

[浙江·东阳]
民宿名称：林栖三十六院
民宿slogan：在理想的村落，过向往的生活
民宿地址：浙江省东阳市三单乡联合村林栖三十六院
民宿主：丹青
预约电话：15867972318

[浙江·温州]
民宿名称：大隐栖都
民宿slogan：宁静的田园，恬静的气息，让心灵找到栖息之地
民宿地址：浙江温州鹿城区七都建设路127号
民宿主：心桑
预约电话：13868615085

[浙江·金华]
民宿名称：余粮柿
民宿slogan：家家有余粮，事事皆如意
民宿地址：浙江省金华市兰溪市黄店街与排芝线交叉口东240米
民宿主：高慧慧
预约电话：13067866505

[浙江·象山]
民宿名称：象山十方
民宿slogan：无十方，不聚会
民宿地址：浙江省宁波市象山县茅洋乡李家弄村
民宿主：杨天刚
预约电话：13736091041

[安徽·黄山]
民宿名称：苦株树故事民宿
民宿slogan：苦株树承载你的梦想与故事。
民宿地址：安徽省黄山市休宁县五城镇低台村
民宿主：程国富
预约电话：18855996839

[福建·平潭]
民宿名称：石头会唱歌·云上海景民宿
民宿slogan：寻一方田地，耕一寸梦土
民宿地址：福建省福州市平潭县流水镇北港村北港200号
民宿主：林智远
预约电话：13609557066

[福建·霞浦]
民宿名称：壹栖壹宿 one stay
民宿slogan：落日朝阳，一期一会
民宿地址：福建省宁德市霞浦县三沙镇东壁村71、72号
民宿主：郭弘
预约电话：0593-8858222、15395937161

[福建·福清]
民宿名称：东壁岛栖隐岛居
民宿slogan：在栖隐岛居·过向往生活
民宿地址：福建省福州市福清市龙田镇东壁岛山利村46号
民宿主：余枫
预约电话：18960821852

[山东·青岛]
民宿名称：乡约美宿
民宿slogan：不见桃花便见仙
民宿地址：山东省青岛市崂山区北宅街道书院社区东庵子01号
民宿主：高志君
预约电话：13173207408

[河南·郑州]
民宿名称：羲淏庭院
民宿slogan：眺望青山之巅，与日月星辰对话要多少的诗与远方，才能抵得过这场梦
民宿地址：河南省郑州市新密市，伏羲山风景区管委会，尖山村老泉沟组
民宿主：吴界
预约电话：15617607799

[湖北·宜昌]
民宿名称：拾溪民宿
民宿slogan：慢生活 静养生
民宿地址：湖北省宜昌市五峰土家族自治县湾潭镇茅庄村56号
民宿主：王莉
预约电话：15872507777

[湖北·黄陂]
民宿名称：斜阳末筑·木兰
民宿slogan：寻常巷陌，有斜阳处
民宿地址：湖北省武汉市黄陂区木兰湖武汉翠影水居A栋1-2层/室
民宿主：Lisa
预约电话：15377603118

[湖南·衡阳]
民宿名称：雨母山庄·且留宿
民宿slogan：且留宿
民宿地址：湖南省衡阳市蒸湘区雨母山镇雨母村雁雨寺前行100米
民宿主：雷小雄
预约电话：0734-8846666

[湖南·郴州]
民宿名称：东江湖暮尼度假酒店
民宿slogan：和你爱的人在一起
民宿地址：湖南省郴州市资兴东江湖白廊镇台前村山内头二村民小组东边60米
民宿主：何女士
预约电话：18107356116

[广东·珠海]
民宿名称：饮岚·白舍
民宿slogan：星空院落里，藏着第三个故乡
民宿地址：广东省珠海市唐家湾镇淇澳岛南腾街6号
民宿主：瓦特
预约电话：17376808880

▲明明山居

索引

[广东·江门]
民宿名称：三春近
民宿slogan：好花须买，皓月须奢
民宿地址：广东省江门市鹤山市鹤城镇南星村委永乐村三春近4号
民宿主：娟姐
预约电话：13316704377

[广东·从化]
民宿名称：瑶华圃·隐溪民宿
民宿slogan：乡村深处的隐溪民宿，是浪漫栖息地。在这里，开启专属你的慢节奏日常模式
民宿地址：广东省广州市从化区良口镇良新村牛眠社40号
民宿主：陈国军
预约电话：13926121843

[广东·肇庆]
民宿名称：西江蓝岸VILLA
民宿slogan：西江畔的蓝白梦境，一座漂浮在时光里的爱琴海秘密花园
民宿地址：广东省肇庆市德庆县新圩镇河口区下栏村
民宿主：Winnie 林咏红
预约电话：17725695778、17725681038

[广东·中山]
民宿名称：原野之上
民宿slogan：恰好的距离，从城市回归原野
民宿地址：广东省中山市五桂山桂南旗溪105栋
民宿主：刘昆、王倩
预约电话：0760-88885091、15382715059

[广西·阳朔]
民宿名称：竹窗溪语
民宿slogan：阳朔遇龙河边的旅养院子
民宿地址：广西桂林市阳朔县鸡窝渡村122号
民宿主：李晗羽
预约电话：18178746163

[广西·桂林]
民宿名称：知行·美宿
民宿slogan：看得见山、望得见水、记得住乡愁
民宿地址：广西桂林市平乐县平乐镇长滩社区长滩街245号
民宿主：陶子
预约电话：0773-7723168

[海南·琼中]
民宿名称：学而山房
民宿slogan：万山行遍逢黎母，陆海之间一山房
民宿地址：海南省琼中县黎母山热带雨林国家公园（原黎母山林业公司学校）
民宿主：张春丽
预约电话：18389771127

[海南·万宁]
民宿名称：烟墩海壹号院子
民宿slogan：从海望见海
民宿地址：海南省万宁市龙滚镇山钦湾燕子洞烟墩村
民宿主：冯清雄
预约电话：19189819386（王掌柜）

[重庆·南山]
民宿名称：魔名奇妙花园
民宿slogan：以面载道，揉捏五千年，蒸腾新人间
民宿地址：重庆市南岸区南山街道放牛村199号魔名奇妙花园
民宿主：程永霞
预约电话：18580194935

[重庆·北碚]
民宿名称：既白民宿
民宿slogan：生既忙碌何妨留白
民宿地址：重庆市北碚区静观镇中华村兴隆湾组24号
民宿主：周松
预约电话：18983792555

[四川·乐山]
民宿名称：卡莎莎乡村度假区
民宿slogan：感恩之地
民宿地址：四川省乐山市马边彝族自治县劳动镇福来村
主理人：潘琳
预约电话：18383381718

[四川·成都]
民宿名称：凡朴生活
民宿slogan：乡村理想生活家
民宿地址：四川省成都市崇州集贤乡凡朴生活
民宿主：涂海霞
预约电话：15902878974

[四川·成都]
民宿名称：禹谷民宿
民宿slogan：离城市不远，离自然很近
民宿地址：四川省成都市锦江区幸福梅林幸福西路（星星幼儿园旁）
民宿主：张兴全
预约电话：19938076920

[四川·丹巴]
民宿名称：贰喜·班莫的家
民宿slogan：安身·安心·安放过往……
民宿地址：四川省甘孜藏族自治州丹巴县中路藏寨
民宿主：班莫
预约电话：15983742833、17738090305

[四川·平武]
民宿名称：老河故事艺术山居
民宿slogan：借半山，我以日月星辰为礼，于时光深处寻一方寂静安然，邀您栖居山野
民宿地址：四川省绵阳市平武县高村乡民主村1组老河故事艺术山居
民宿主：杨剑峰、冯丽蓉
预约电话：0816-4656777、18009077077

[贵州·贵阳]
民宿名称：憩域·小摆托
民宿slogan：城里一套房，乡下一套院
民宿地址：贵州省贵阳市花溪区青岩镇山王庙村
民宿主：邓家义
预约电话：18166783868

[云南·西双版纳]
民宿名称：享·自在客栈
民宿slogan：慢享生活
民宿地址：云南省西双版纳曼弄枫林语庄园棕榈阁21幢
民宿主：悠悠
预约电话：18908819084

[云南·大理]
民宿名称：大理云里小坐·花音南洋海景酒店
民宿slogan：择一宿心安 食一餐烟火
民宿地址：云南省大理白族自治州大理市双廊镇双廊村3组603号
民宿主：Lily
预约电话：19912927217、19912923213

[云南·大理]
民宿名称：大理云墅海景度假酒店
民宿slogan：静享乐忘喧哗
民宿地址：云南省大理白族自治州大理市双廊镇大建村三组105号
民宿主：火刚
预约电话：18087210815

[云南·丽江]
民宿名称：丽江·墅家玉庐
民宿slogan：缔造理想度假
民宿地址：云南省丽江市玉龙纳西族自治县白沙镇玉湖上村三组36号
民宿主：聂剑平
预约电话：13682406261

[云南·香格里拉]
民宿名称：香格里拉·墅家嘹嘛措
民宿slogan：缔造理想度假
民宿地址：云南省迪庆藏族自治州香格里拉建塘镇解放村共比组54号
民宿主：聂剑平
预约电话：13682406261

[云南·怒江]
民宿名称：怒江·墅家吾乡
民宿slogan：缔造理想度假
民宿地址：云南省怒江傈僳族自治州兰坪县通甸镇通甸村委会罗古箐游客中心
民宿主：聂剑平
预约电话：13682406261

[西藏·拉萨]
民宿名称：阿若康巴·拉萨庄园
民宿slogan：敬畏自然、敬畏祖先、感恩自由
民宿地址：西藏自治区拉萨市城关区林廓东路3号
民宿主：贡培扎巴
预约电话：15651628318

[新疆·伊宁]
民宿名称：梵境民宿
民宿slogan：梵境民宿是您在新疆远方的家，是邂逅西域文化的一场烟火
民宿地址：新疆伊犁州伊宁市喀赞其新路街一巷19号
民宿主：道一老师
预约电话：19890196168、13899738803
0999-7828636

（排名不分先后）

▲莫上隐

鸣谢

主编
陈禺舟　菁菁

特邀编委
陈长春（隐居乡里创始人）
聂剑平（墅家人文度假品牌创始人 / 胡润百富·胡润设计榜乡建营造设计师）
千千（好在云里策划运营公司创始人 / 云里小坐品牌创始人）
扎巴格丹（阿若康巴品牌民宿和康巴商道探险旅行社的创始人 /《寻梦香巴拉》的作者）
张明才（知物筑设计工作室 创始人 /"明明山居""回山里""青苔"民宿主创设计）
莫子（莫子先生® 设计创始人 /《墨子会客厅》发起人）
张哲（漫游家出版人）

编委

滕婧　古道雅舍（北京）文化发展有限公司	陈国军　广州瑶华圃旅游文化发展有限公司
陈音　德清县莫干山镇陌上隐度假酒店	林智远　石头会唱歌
李晗羽　桂林创景酒店有限公司	任涛　马边隐居乡里卡莎莎文化旅游有限公司
贡培扎巴　西藏阿若康巴庄园有限责任公司	高慧慧　杭州余粮乡创文化旅游发展有限公司
瓦特　珠海红树林酒店管理有限公司	孙砚民　河北如驿文化发展有限公司
道一老师　新疆梵境文旅产业有限公司	涂海霞　成都凡朴文化发展有限公司
贡占宁　武安市漫宁民宿管理有限公司	何女士　湖南暮尼酒店管理有限公司
陶全保（陶子）　桂林平乐知行文化旅游发展有限公司	林咏红　德庆西江蓝岸酒店
邓家义　贵阳城发资产经营管理有限公司	赵国强（潮玥）　创旅（天津）旅游开发有限公司
程国富　黄山市苦株树旅游发展有限公司	冯清雄　海南森林客栈 烟墩海壹号院子
雷小雄　衡阳市蒸湘区雨母山庄	华雅　龙隐溪山酒店有限公司
丹青　浙江东阳林栖文化传播有限公司	张兴全　成都同楷文化传播有限公司
悠悠　享自在客栈	郭弘　霞浦县壹栖壹宿民宿
张春丽　海南学而山房实业有限公司	贺玉玲　北京石光长城民宿有限公司
谭雪娟　江门三春近旅游开发有限公司	龚小宇　宾县缘来阁旅游酒店管理有限公司
程永霞　重庆魔名奇妙餐饮有限公司	周松　重庆妙程文旅有限公司
Lily　大理云里小坐·花音南洋海景酒店（双廊店）	畅志东　廊坊市自和在酒店
火刚　大理云墅酒店管理有限公司	班莫　贰喜·班莫的家
聂剑平　丽江墅家酒店管理有限公司	Lisa　武汉斜阳耒筑民宿服务有限公司
聂剑平　香格里拉市墅家酒店管理有限公司	刘昆　王倩　原野之上文化旅游开发（中山）有限公司
聂剑平　兰坪县墅家吾乡民族文化酒店管理有限公司	余枫　福州市骏念文旅发展有限公司
心柔　温州市鹿城区七都大隐别苑民宿	杨天刚　象山十方民宿
吴界　河南乐驿四海文化旅游有限公司	杨剑峰　冯丽蓉　四川老河故事生态农业开发有限公司
祁云亮　山西太行宿集民宿酒店管理有限公司	高志军　青岛乡创商务服务有限公司
王莉　宜昌市拾溪生态农业旅游有限公司	

图书在版编目（CIP）数据

理想主义下的民宿 / 陈禹舟，菁菁主编. -- 北京：旅游教育出版社，2025. 7. -- ISBN 978-7-5637-4903-4

Ⅰ. F726.92-53

中国国家版本馆 CIP 数据核字第 2025P2F352 号

理想主义下的民宿

陈禹舟 菁菁 主编

策　　划	陈禹舟　菁菁
责任编辑	陈凤玲
出版单位	旅游教育出版社
地　　址	北京市朝阳区定福庄南里 1 号
邮　　编	100024
发行电话	（010）65778403　65728372　65767462（传真）
本社网址	www.tepcb.com
E - mail	tepfx@163.com
排版单位	童立方绘声写影
印刷单位	天津雅泽印刷有限公司
经销单位	新华书店
开　　本	889毫米×1194毫米　1/16
印　　张	13.5
字　　数	179 千字
版　　次	2025 年 7 月第 1 版
印　　次	2025 年 7 月第 1 次印刷
定　　价	128.00 元

（图书如有装订差错请与发行部联系）